Cuadernos del Acantilado, 114

EL AFFAIRE ARNOLFINI

JEAN-PHILIPPE POSTEL

EL AFFAIRE ARNOLFINI

INVESTIGACIÓN SOBRE UN CUADRO DE VAN EYCK

PREFACIO DE DANIEL PENNAC

TRADUCCIÓN DEL FRANCÉS
DE MANUEL ARRANZ

BARCELONA 2023 ACANTILADO

TÍTULO ORIGINAL *L'Affaire Arnolfini. Les secrets du tableau de Van Eyck*

Publicado por
ACANTILADO
Quaderns Crema, S. A.

Muntaner, 462 - 08006 Barcelona
Tel. 934 144 906
correo@acantilado.es
www.acantilado.es

En la cubierta, *El matrimonio Arnolfini* (1434), de Jan van Eyck

ISBN: 978-84-19036-46-9
DEPÓSITO LEGAL: B. 6847-2023

AIGUADEVIDRE *Gráfica*
QUADERNS CREMA *Composición*
ROMANYÀ-VALLS *Impresión y encuadernación*

CUARTA REIMPRESIÓN *abril de 2024*
PRIMERA EDICIÓN *abril de 2023*

CONTENIDO

PREFACIO

ESOS DOS QUE NO SE MIRAN

de DANIEL PENNAC

Soy tan sensible a las miradas dirigidas *a* los cuadros como a las miradas captadas por los pintores *en* sus cuadros. Cuando recuerdo un cuadro, generalmente son las miradas en lo primero que pienso. La impresión de espanto, por ejemplo, que me dejó *El juicio de Cambises* no tiene nada que ver con el suplicio propiamente dicho (el desollamiento de Sisamnes no es más que una lección de anatomía entre otras), sino con la expresión del condenado en el momento de su arresto: ¡no mira a ninguna parte! Eso es lo que no puedo olvidar: la mirada vacía del condenado. Y tampoco puedo olvidar a aquellos de entre los dieciséis hombres que, presentes a su alrededor, no lo miran. Como si él ya no existiera. Ni siquiera el mercenario que lo toma por el brazo mira al condenado a muerte. Y esa ausencia general de mirada, ese unánime abandono del acusado a su fulminación, hicieron que no pudiera olvidar el díptico de Gérard David, que había visto una mañana de otoño en el museo de Brujas.

Y esto es lo que me impresiona también en el matrimonio Arnolfini, que no se miran.

Como Jean-Philippe Postel, conozco a los Arnolfini, aunque menos íntimamente que él. Los conocí una tarde de junio en la National Gallery. A partir de aquel día, ya no me abandonaron nunca. Cuando pienso en ellos, lo primero que recuerdo es esa ausencia de mirada. En mi recuerdo, todo el cuadro se organiza alrededor de esas miradas que no se cruzan. Por lo demás, ¿qué es lo que ven estas dos soledades? ¿En qué piensan? Y nosotros, de pie y solos ante los esposos Arnolfini, ¿qué es lo que vemos?

Sin duda no me habría hecho estas preguntas si yo mismo no me hubiera sentido observado mientras contemplaba a los Arnolfini. Su vecino de pared—si puede decirse así—es el *Retrato de un hombre con turbante rojo*, casi con toda seguridad el propio Jan van Eyck en persona. Con el rostro impenetrable, la boca sin labios, los ojos severos y escrutadores, dirige a cada visitante que se para delante de los esposos Arnolfini una mirada que parece preguntar: «Y usted ¿qué es lo que ve?». Es evidente que no alimenta ninguna ilusión en cuanto a la pertinencia de las respuestas. Y sin embargo, desde 1434, las respuestas han sido innumerables. Son incontables las conferencias, los folletos, los monólogos, los discursos mundanos y los cotilleos de que han sido objeto los esposos Arnolfini: ninguno parece satisfacer al hombre del turbante rojo. Él es el único que sabe lo que está en juego en esa habitación, entre aquel hombre y aquella mujer. Inmortalizado por él mismo en su propio cuadro, Van Eyck se divierte—en lo más íntimo—con las interpretaciones de que son objeto estos dos personajes. Esa mujer embarazada, ese marido distante, esas manos que apenas se tocan, ese espejo (¡no se habrá hablado ya bastante de lo que se ve en ese espejo!) lo han oído todo, excepto…

Excepto lo que se va a leer aquí.

Y que yo mismo he leído en un tren de alta velocidad, como se lee una novela policíaca, arrastrado por el suspense, y con la misma curiosidad impaciente. Estas páginas, que yo pasaba también a toda velocidad, me demostraban claramente que no había visto lo que había visto, ¡que no había visto nada de lo que había que ver! La pasión que yo ponía en la lectura de Jean-Philippe Postel tiene menos que ver con la descripción del cuadro de Van Eyck (cuadro que creía conocer bien) que con el desmenuzamiento implacable de todas esas ilusiones ópticas a las que yo llamaba mi «recuerdo» del cuadro.

Al acabar mi lectura decidí volver cuanto antes a la National Gallery, para volver a ver a los esposos Arnolfini, claro está, pero sobre todo para buscar en el rostro del hombre con turbante rojo la confirmación de que finalmente había escuchado aquello que quería escuchar sobre este cuadro, que encerraba tantos secretos.

Observad, seguid observando, observad siempre, sólo así se llega a ver.

JEAN-MARTIN CHARCOT

En Londres, los días que hace buen tiempo, una extraña forma humana se ofrece a la mirada de los paseantes que deambulan por Trafalgar Square, justo ante la entrada principal de la National Gallery. Lleva una máscara y un sayal, y se mantiene en levitación, inmóvil, unos sesenta centímetros por encima del suelo. A veces mueve un poco la cabeza, lentamente. La brisa hace que su sayal flote. Una mano enguantada sobresale y descansa débilmente en la empuñadura de un grueso y largo bastón, cuya punta se pierde en los pliegues de un trozo de sábana extendido en el suelo. La máscara pretende ser terrorífica; es la máscara de un guerrero de la saga *Star Wars*. No sabría decirles de cuál de ellos. En el suelo una gorra de terciopelo puesta del revés contiene algunas monedas.

Nos gustan el ilusionismo y los juegos de magia. Ver aparecer en las manos del mago la reina de corazones o el rey de picas invocados en secreto nos deja siempre boquiabiertos. Tratamos de entender, y a la vez nada nos gusta más que no entender: una vez explicado, el truco decepciona siempre. Éste de la levitación, aunque logre desconcertarnos durante unos instantes, es un truco rudimentario. El ilusionismo con el que tenemos una cita es de otra envergadura.

El cuadro se encuentra en la sala 56. Desde que entrara a formar parte de las colecciones de la National Gallery, le pusieron un cristal para protegerlo del humo de Londres, y un marco. Lo que primero llama la atención es el marco: muy estrecho, bastante feo, estilo aparador Enrique II. Esperábamos algo mejor, pero lo olvidamos pronto. Cada cuarto de hora, cada veinte minutos, los vigilantes se turnan. Muchos son originarios de las antiguas colonias, de la India, de Pakistán, de Sri Lanka. Se sientan frente al cuadro y vigilan. La sala 56 es un callejón sin salida: el río de visitantes afluye y desemboca por el mismo sitio, dibujando un lento meandro a lo largo de las obras colgadas en las paredes. Delante del cuadro se demoran un poco más: dos o tres minutos, rara vez más. Tres minutos ya es mucho tiempo. En tres minutos pueden verse muchas cosas. A veces es un grupo. Escuchan las explicaciones de la guía, toman fotos y se van. Han visto. Pero ¿qué han visto exactamente? ¿Qué vemos nosotros?

El cuadro es archiconocido; cualquiera que lo haya visto, aunque sólo haya sido una vez, lo recuerda. De entrada suscita admiración por su factura y por un no sé qué de intemporal, un suspiro, un ritmo. Ha hecho correr mucha tinta. Pero, por más que haya podido decirse de él, su misterio sigue sin desvelarse: mientras lo contemplamos nos encontramos en la situación en que se encuentra el lector de una novela policíaca a la que faltase el último capítulo. El cuadro seduce, atrae, casi podríamos decir que nos llama, pero por mucho que miremos, no vemos nada—o mejor dicho, vemos que allí hay algo que ver, pero no vemos qué—. El *quid* de la cuestión se nos escapa. El sentido se oculta. Esto es lo que hay, nos dicen ese hombre y esa mujer conocidos, desde hace más de quinientos años, como *El matrimonio Arnolfini*.

Sin embargo, si nos acercamos más, veremos que todo está allí, a la vista, desde siempre. Si no vemos nada es porque los señuelos dispuestos con una habilidad extraordinaria distraen la mirada y la mente, y hacen que aquello que se pintó siga pasando desapercibido: estratagema propia de ilusionistas y de los autores de novelas policíacas (como la Agatha Christie de los *Diez negritos*), que mediante una prodigiosa proeza Van Eyck lleva a cabo *en pintura*.

Con un poco de suerte la sala estará vacía. Lleven una lupa y podrán admirar los reflejos del sol sobre las minúsculas cerezas, la orla de la alfombra imperceptiblemente deshilachada, la paja trenzada del sombrero negro. A continuación observarán otros detalles, secretos, apenas visibles..., y poco a poco irán adentrándose en un inextricable laberinto de reflejos y de espejos.

Observen.

I

«ALS ICH CAN»

> Jan van Eyck, el príncipe de los pintores de nuestro siglo.
>
> BARTOLOMEO FAZIO

El retrato llamado *El matrimonio Arnolfini* fue pintado por Jan van Eyck en 1434: enigmático, extrañamente bello, sin precedente ni equivalente en la historia de la pintura.

Pero quizá, después de todo, no fuese pintado en 1434. Todo lo que sabemos en materia de fechas está en una frase sibilina que hace las veces de firma, caligrafiada en mal latín encima del espejo: «*Johannes de Eyck fuit hic 1434*» (fig. 1). No *fecit* o *complevit*, sino *fuit hic*. No «Jan van Eyck *hizo* o *acabó* este cuadro en 1434», sino «Jan van Eyck estuvo aquí en 1434». O incluso: «Éste es Jan van Eyck en 1434». La frase es doblemente ambigua: no dice que el cuadro date de 1434, sino que la escena que representa tuvo lugar en aquel año. Y se guarda bien de informarnos si Van Eyck fue testigo o protagonista de esta escena. La frase sitúa al cuadro bajo el signo del doble sentido.

Gracias a los documentos contables de la corte de Borgoña sabemos más sobre Van Eyck que sobre ningún otro pintor de su tiempo, más de lo necesario incluso para escribir una novela (aunque esto no es una novela, sino más bien una investigación, un análisis), y sin embargo parcelas enteras de su biografía siguen en la sombra. ¿Qué es lo que podemos decir de Jan van Eyck? El lugar y el año de nacimiento se desconocen. Los historiadores sitúan su nacimiento en Flandes hacia 1390; tal vez en Maaseik, no lejos de Maastricht, a orillas del Mosa, tal vez en otro lugar. Habría vivido en La Haya y luego en Lille, antes de fijar su residencia en Brujas, donde moriría en 1441.

Sobre sus maestros, sobre su aprendizaje: nada. Sobre sus comienzos al servicio de Juan III de Baviera, soberano de Holanda fallecido en 1425: nada tampoco. Su nombre aparece mencionado por primera vez en una carta patente fechada el 19 de mayo de 1425.[1] En ella se nos informa que «Johannes, antiguo pintor y ayuda de cámara del difunto duque Juan de Baviera» entraba al servicio del duque de Borgoña Felipe el Bueno. Y lo estuvo hasta su muerte. Borgoña sobrepasaba en riqueza tanto a Francia como a Inglaterra, que durante casi un siglo se habían destrozado mutuamente; mientras que el puerto de Brujas, por entonces centro económico y financiero de los países nórdicos, podía recibir en un solo día hasta cien barcos mercantes.

El duque Felipe parece que tuvo a Jan en muy alta estima. Lo colmó con sus atenciones y fue el padrino de su primer hijo, nacido en 1434. Jan hizo para él varios viajes por el extranjero: de España le traería el retrato de Isabel de Urgel, con la que el duque no se casó; de Portugal, el de otra Isabel, hija del rey Juan, con la que sí se casó. Las cuentas de la *Recaudación general de finanzas* mencionan además, y en varias ocasiones, «ciertos viajes lejanos y secretos que el dicho monseñor le ordenó hacer a ciertos lugares, de los que no quiere hacer más mención».[2] La finalidad y la naturaleza de estas misiones secretas, retribuidas muy generosamente, son uno de los misterios de la vida de Jan que siguen sin resolver.

Conocía los alfabetos griego y hebreo. En un *De viris illustribus* escrito en 1456, el humanista italiano Bartolomeo Fazio dijo de él que era «un hombre de cultura literaria, experto en geometría y maestro de todas las artes que puedan añadirse a la distinción de la pintura».[3] Durante mucho tiempo se le atribuyó el descubrimiento de la pintura al óleo, aunque para su gloria basta con haberla elevado a la perfección, descubriendo disolventes que le permitirían hacer vibrar el color y perfeccionar la ilusión figurativa hasta un extremo que durante mucho tiempo nadie superó.

Pintó sobre todo temas religiosos; fue uno de los primeros en aceptar encargos privados. Considerada como su obra maestra, el suntuoso retablo de la *Adoración del Cordero Místico*, conservado en la catedral de San Bavón de Gante, parece que lo empezó su hermano Hubert, aunque la existencia del tal Hubert no esté bien documentada, lo mismo que la de otro hermano, Lambert, y la de una hermana, Margaret, que también habrían sido pintores.

Una veintena de sus cuadros han llegado hasta nosotros; nueve están firmados; cuatro llevan su divisa, en mayúsculas más o menos griegas (la letra C ha sustituido a la Σ): «ΑΛC IXH XAN» (*Als ich can*, 'Lo mejor que puedo').[4]

Que se sepa, ningún otro pintor antes que él había representado nunca a un hombre y una mujer en una habitación. Anunciaciones, natividades, Vírgenes con el Niño, crucifixiones, martirios, santos, algunas escenas bíblicas, ésa era toda la pintura occidental de cuadros a principios del siglo XV: al pan de oro, para mayor gloria de Dios. Toda la pintura o casi toda: en la década de 1360, el primer retrato profano conocido de la era cristiana (un temple al huevo sobre revestimiento de yeso no firmado que representa al rey de Francia Juan el Bueno) había abierto una brecha por donde se adentraron muy pronto reyes y reinas, duques y duquesas, príncipes y princesas, que encontraron de buen gusto encargar su retrato, imitados más tarde por todos aquellos que en el mundo tenían alguna notoriedad, o bien eran muy ricos.

Y de pronto, en 1434, *El matrimonio Arnolfini*. O más bien—seamos precisos—*Hernoulle-Fin con su esposa*: pues tales son los términos de la primera descripción conocida del cuadro.[5] Un hombre y una mujer, de pie en una habitación, se dan la mano. Seguramente ricos, si nos fiamos de las apariencias (muebles finamente labrados, lujoso espejo, espléndido candelabro de cobre, fastuosas telas, alfombra oriental, prendas forradas de marta cibelina y vero), pero sin duda no pertenecían a los Grandes de este mundo, pues lo habríamos sabido.

Y a continuación una pregunta: ¿quiénes son? Si leyéramos la cantidad de artículos que se han consagrado al cuadro a partir de la segunda mitad del siglo XIX, la respuesta a esta pregunta parece ser la condición necesaria y suficiente para comprenderlo; ahora bien, respuesta no tenemos ninguna, y como veremos la pregunta adecuada sería más bien: ¿qué hacen?

Se trata de una tabla de roble pintada al óleo, de 84,5 por 62,5 centímetros, magníficamente conservada, catalogada en la National Gallery de Londres con el número NG 186. El nombre de su primer propietario se ha perdido, así como la huella de las transacciones que la hicieron pasar a formar parte de las colecciones de un tal don Diego de Guevara (*c.* 1450-1520), quien fue a su vez paje en la corte de Felipe el Bueno, escudero de Carlos el Temerario, maestresala de Juana la Loca, chambelán y más tarde *mayordomo ma-*

*yor** de Carlos V—además de un gran coleccionista—. Don Diego regaló el cuadro a Margarita de Austria (1480-1530), hija de María de Borgoña y del emperador de Austria, Maximiliano I. Cuando éste murió de una gangrena de la pierna, su sobrina María de Hungría (1505-1558), hermana de Carlos V, lo heredó. Ambas fueron regentes de los Países Bajos borgoñones.

Un año después de que Carlos V abdicara para consagrar los pocos años que le quedaban de vida al ayuno, a la oración y a la mortificación, el cuadro iba camino de España en los baúles de María de Hungría. Corría el año 1556 y escapó así al «furor iconoclasta» de los calvinistas que, diez años después, destruyeron no se sabe cuántos cuadros en Flandes y en los Países Bajos. A la muerte de María de Hungría, pasó a manos de Felipe II y permaneció en las colecciones reales españolas hasta las guerras napoleónicas.

Fue un milagro que no ardiera en el incendio que destruyó el Alcázar de Madrid durante la noche de Navidad de 1734. ¿Fue defenestrado por sus rescatadores como tantos otros cuadros que

* En español en el original. (*Las notas indicadas con asterisco son del traductor*).

escaparon de las llamas? ¿Era uno de los cuadros que Felipe V había hecho llevar poco antes a su residencia del Buen Retiro? No lo sabemos.

Misterio igualmente sobre las circunstancias en las que desapareció del Palacio Nuevo de Madrid bajo el reinado de José Bonaparte, apodado Pepe Botella. Y misterio de nuevo sobre su reaparición en Inglaterra años más tarde. La leyenda cuenta que reapareció en Bélgica en 1815 en una casa particular, donde habría adornado la habitación de un oficial inglés herido en Waterloo—el teniente coronel James Hay—que se habría prendado de él y lo habría comprado a su huésped, antes de llevárselo a Inglaterra y venderlo, poco antes de su muerte, a la National Gallery por seiscientas guineas. ¿Verdad? ¿Mentira? La Historia duda aquí entre dos delitos sin saber a qué atenerse. Puede que los mercenarios del rey José robaran el cuadro en Madrid y lo malvendieran en Bélgica; o puede que el teniente coronel Hay, como parece más probable, lo sustrajera él mismo de los baúles de Pepe Botella durante la batalla de Vitoria antes de forjar su aventura belga.[6]

Desde el mes de marzo de 1843, está expuesto en la National Gallery.

II

LOS ARNOLFINI (ESTADO DE LA CUESTIÓN)

> El tema de este cuadro no ha sido definido con claridad.
>
> Catálogo de la National Gallery, 1843

Los Arnolfini eran una riquísima familia de comerciantes italianos originarios de la ciudad de Lucca, que prosperaba entonces con el comercio de la seda. Una parte se estableció en Brujas. De padre a hijo, de tío a sobrino, aparecen con el nombre de Arnoulphin en las cuentas de la corte de Borgoña, a la que abastecen de toda clase de telas: damasco y terciopelo, tafetán, camelote, satén, púrpura, tisú de plata y tisú de oro.[1] Su nombre está indisolublemente unido al cuadro desde 1857. Ese año, dos historiadores del arte, Joseph Archer Crowe y Giovanni Battista Cavalcaselle, afirmaban que la proximidad fonética de las palabras *Hernoul-le-Fin* y *Arnolfini* bastaba para hacer de ellas un solo y único apellido.[2] De ahí el convencimiento cada vez mayor de que el cuadro representa a uno de los miembros de la familia Arnolfini posando con su esposa.

Las dificultades surgieron al tratar de identificar al hombre. ¿A cuál de los Arnolfini había pintado Van Eyck? ¿A Giovanni di Arrigo, como se pensó durante más de un siglo?[3] ¿A su hermano Michele? ¿A uno de sus primos? De nada sirve recordar aquí todas las hipótesis, todo el entusiasmo que suscitaron, y el desencanto posterior, cuando el descubrimiento de algún archivo venía de repente a refutarlas. Baste con decir que, desde finales de la década de 1990, parece haberse llegado a un consenso sobre la persona de Giovanni di Nicolao Arnolfini, único representante de la familia que satisfacía las exigencias de lugar y fecha que aparecían en el cuadro.[4] Su esposa, Costanza Trenta, era sobrina de Lorenzo de Médici el Viejo.

Sin embargo, los «arnolfinianos» tuvieron que aceptar que en 1434 Costanza Trenta estaba ya muerta y enterrada. Su madre menciona el hecho como de pasada en una carta dirigida a Lorenzo de Médici en febrero de 1433: «Costanza y Leonardo han muerto. Paulo está en Aviñón, Johani en Lucca».[5] No se conocen ni la fecha ni la causa de la muerte de Costanza. Lo que nos lleva a preguntarnos: ¿quién es la mujer del cuadro? El historiador del arte y conservador de museo Lorne Campbell—que en la National Gallery tiene bajo su custodia a los primitivos flamencos—respondía a la pregunta dando a Giovanni di Nicolao Arnolfini una segunda esposa inventada para la ocasión.[6] Más adelante hablaré de la seductora pista que propone Margaret Koster.

Otros han preferido ver en este gentilhombre y esta dama al pintor y a su esposa. «*Johannes de Eyck fuit hic*», 'Jan van Eyck fue éste'—fue este hombre, y se pintó en su casa con su esposa—.

La tesis del autorretrato, formulada por primera vez en 1847,[7] estuvo en boga antes de ser eclipsada por la irrupción de los Arnolfini. A partir de la década de 1950 de cuando en cuando resurgía, pero sin que ninguno de sus partidarios estuviese en condiciones de aportar ninguna prueba decisiva. En cualquier caso, no sabemos nada del aspecto de Jan, y de ese *nada* han surgido muchas especulaciones. No sólo se le ha querido ver en el personaje de Hernoul-le-Fin, sino al menos en otros dos cuadros suyos.

Una leyenda surgida en el siglo XVI, sugiere que él y su hermano Hubert se habrían representado bajo los rasgos de dos caballeros en la tabla de *Los jueces justos* del retablo de la *Adoración del Cordero Místico*. Basándose en esta creencia, pintores, grabadores y escultores se inspiraron en esa tabla cuando, en los siglos posteriores, se trataba de poner una cara a los famosos hermanos Van Eyck.[8]

Otro supuesto autorretrato es el magnífico *Retrato de un hombre con turbante rojo* de la National Gallery de Londres. Sobre el marco dorado de este pequeño cuadro, una inscripción, obra de Jan, nos informa que lo pintó el 21 de octubre de 1433, «*Als ich can*». Y ciertamente hay un turbador parecido entre este hombre de edad madura y el joven caballero vestido de negro de *Los jueces justos*; pero un parecido del que no puede sacarse conclusión alguna en materia de estado civil. Ningún parecido, por el contrario, con Hernoul-le-Fin (fig. 2).

A todo esto hay que añadir la extraña historia de un autorretrato desaparecido. En 1769, el pintor Jean-Baptiste Descamps visita en Brujas la capilla de los Pintores y nos cuenta lo siguiente:

Todos los años, el día de San Lucas, puede verse un cuadro pintado por Jean van Eyck que se cree que es el retrato de su esposa: este cuadro está sujeto con una cadena y con candados por miedo a que sea robado. Se cuenta que su pareja ha desaparecido sin dejar rastro.[9]

La pareja en cuestión es el único autorretrato de Jan mencionado y se lo da por perdido.[10] Respecto a la mujer de la que habla Descamps («Hay en el cuadro verdad y color, pero demasiada frialdad»),[11] está actualmente en una sala del museo Groeninge de Brujas desde donde devuelve, a quien va a verla, una de las miradas más tiernamente desdeñosas de toda la historia de la pintura. En el marco la siguiente inscripción: CONIUX MEVS JOHANNES ME COMPLEVIT ANNO 1439 17 IUNII ETAS MEA TRIGINTA TRIUM ANNORUM ALC IXH XAN ('Mi esposo Johannes acabó mi retrato el 17 de junio de 1439, yo tenía treinta y tres años. *Als ich can*').

A falta de los rasgos de Jan, conocemos los de su mujer. Se llamaba Margaret; Jan se habría casado con ella en el 1433;[12] y le habría dado al menos dos hijos.

Pregunta: ¿la mujer del cuadro y Margaret van

Eyck son la misma persona? (figs. 3 y 4). Sí, afirman sin pestañear los defensores del autorretrato. No, les replican con razón los «arnolfinianos». Y así están las cosas desde hace más de siglo y medio.

No hay un solo rostro del que podamos decir con absoluta certeza que pertenece a Jan van Eyck. Y como por otra parte no ha podido demostrarse hasta el día de hoy que hubiera ningún vínculo de negocios o de amistad entre él y cualquiera de los miembros de la familia Arnolfini—cosa que no prueba nada, ni en un sentido ni en el otro—,[13] la identidad del comanditario de este *gran cuadro conocido como Hernould-le-Fin* sigue siendo una hipótesis, y la de sus dos personajes, un misterio. Tal es, al menos en el momento en que escribo estas líneas, el estado de la cuestión.

III
MANERAS DE VER

Seis descripciones de una extrema brevedad (dos en francés antiguo y cuatro en español), de no más de una treintena de líneas, escalonadas a lo largo de casi tres siglos, son las únicas noticias que han llegado hasta nuestros días, desde Flandes y luego desde España, antes de que el cuadro llegara a Londres en el siglo XIX. ¿Sus autores? Cinco escribanos y un estudiante viajero. Las informaciones que contienen no tienen precio. Gracias a ellos conocemos el nombre del personaje masculino: Hernoul-le-Fin, Arnoult Fin. Nos hablan de las diferentes formas en que el cuadro se ha visto de un siglo a otro, y sus descripciones, por breves que sean, despiertan la curiosidad de inmediato: unos versos del poeta latino Ovidio pintados en el marco, una historia de infidelidad, un tema que se escabulle y se escurre como una anguila.

1) 1515, *Inventoire des painctures* de Margarita de Austria, hecho en su castillo de Malinas el 15 de julio:

Un cuadro de grandes dimensiones que se conoce como Hernoul-le-Fin con su esposa en el interior de una alcoba, que fue regalado a su Alteza por don Diego, cuyo escudo está en la cubierta del citado cuadro. Obra del pintor Johannes.

2) 1524, segundo inventario de los bienes de Margarita de Austria hecho en Malinas:

Otro cuadro excelente que se cierra con dos hojas, en el que hay pintados un hombre y una mujer, de pie, tocándose la mano uno al otro, obra de Johannes, el escudo y la divisa del difunto Don Diego están pintados en las mencionadas dos hojas. El nombre del personaje es Arnoult Fin.

3) 1558, inventario de los muebles y efectos personales de María de Hungría levantado después de su muerte en Cigales (Castilla):

Un gran cuadro con dos puertas que se cierran, y en su interior un hombre y una mujer que se cogen la mano, con un espejo en el que se ve a los susodichos hombre y mujer, y en las puertas el escudo de don Diego de Guevara, obra de Jean de Hec, año 1434.

4) 1599, preciosa descripción del cuadro en un opúsculo titulado *Thesoro Chorographico de las Espannas*, relación de un viaje a España por un estudiante alemán llamado Jakob Quelviz:

Una imagen que representa a un hombre y a una mujer joven uniendo las manos como si estuvieran a punto de prometerse en matrimonio. Hay muchas cosas escritas, entre ellas esta: «*Promittas facito, quid enim promittere laedit? Pollicitis dives quilibet esse potest*» [«No economices el prometer, que al fin no arruina a nadie, y todo el mundo puede ser rico en promesas»].*

5) 1700, inventario de los cuadros que había en el Alcázar de Madrid a la muerte de Carlos II:

Un cuadro sobre tabla con dos puertas que se cierran, un marco de madera dorado y unos versos de Ovidio grabados en el marco del cuadro, que representa a una mujer alemana embarazada, vestida de verde, dando la mano a un hombre joven; parece una boda nocturna, los versos afirman que se enga-

* Ovidio, *El arte de amar*, trad. Maritza Izquierdo, Madrid, Verbum, 2016.

ñan mutuamente y las puertas están pintadas de falso mármol: precio, dieciséis doblones.

6) 1794, inventario de los cuadros de Carlos III realizado el 25 de febrero: «Una vara de alto por tres cuartos de vara de ancho. Un hombre y una mujer cogiéndose la mano. Juan de Encinas, inventor de la pintura al óleo, 6000 reales».[1]

El cuadro ha perdido su marco, sus dos hojas, el escudo de don Diego de Guevara, las «muchas cosas escritas» (*mucho escrito*)[*] señaladas por el estudiante alemán Jakob Quelviz, y los versos latinos pintados en la madera dorada del marco. Estos desconcertantes versos provienen del libro I de *El arte de amar* de Ovidio.[2] La existencia de los versos grabados en el marco fue redescubierta a finales del siglo XX.[3] Desorientan todavía más la exégesis y suscitan algunas dudas sobre el consenso acerca de la escena que representa el cuadro: o bien a una pareja casada, o bien la celebración de un matrimonio: lo *explícito* permanece oculto. ¿Fueron pintados por la mano de Jan? ¿Eran dos cuadros que se juntaron después? Aunque sea una ingenuidad esperar que las «mu-

* En español en el original.

chas cosas escritas» que Jakob Quelviz omitió copiar nos hubieran dado la clave del enigma, esas cosas sin duda nos habrían ayudado mucho.

El redactor del inventario de 1700 no es el único que vio en el cuadro la boda grotesca de una mujer embarazada y de un joven comentada sarcásticamente por el dístico de *El arte de amar*. En la época victoriana, algunas personas percibieron lo mismo. Prueba de ello, por ejemplo, unas líneas espontáneas escritas en julio de 1841 por un crítico anónimo de la revista *Athenaeum* con ocasión de la primera exposición pública del cuadro, antes de su definitiva adquisición por la National Gallery: «Esta extraña pareja, cada uno con una mano en la del otro, se parece mucho a Simon Pure a punto de reparar un mal paso haciendo de Sarah Prim una mujer honesta».[4] Hay algo en el cuadro que provoca que *también* podamos verlo de esta manera: hubo un tiempo en que este hombre y esta mujer, «tocándose la mano uno al otro», pudieron provocar la risa.

IV

HERNOUL-LE-FIN CON SU ESPOSA

Or me doi-je bien esbahir,
Que ore aurai nom sire Ernous:
Ce seurenom ai-je par vous.

RUTEBEUF

Risa amablemente provocada, quizá, en un tono similar y tan espontáneo como en vida de Van Eyck, por el título mismo del cuadro tal y como aparece en los inventarios de 1516 y de 1524: *Hernoul-le-Fin, Arnoult Fin*. Pero para provocar la risa, este título debe tomarse al pie de la letra, lo que requiere que dejemos de lado durante un tiempo, a beneficio de inventario, a la familia Arnolfini. Guardando todas las distancias, el procedimiento que consiste en afirmar, como hicieron Crowe y Cavalcaselle, que los nombres Hernoul-le-Fin (o Arnoult Fin) y Arnolfini designaban a una sola y misma persona en razón de su similitud fonética tiene algo de truco de trilero. Cuenta además con el inconveniente de hacernos olvidar que, según una tradición que encontramos ya en el *Roman de la Rose* y que sigue muy viva todavía en tiempos de Molière (no hay más que recordar al Arnolphe de *La escuela de las mujeres*), el nombre de Arnulfo—Arnoult, Hernoul, Arnolphe, Arnaud, Arnuphle—era el apodo habitual de los maridos engañados.[1]

San Arnulfo era el patrón de los orejones, de los sufridos, de los *consentidores*, de los cuclillos, de los comblezos, de los gurruminos, en una palabra: de los cornudos. ¿De qué Arnulfo se trata? No lo sabemos. La Iglesia tiene censados no menos de siete: Arnoult de Yvelines, Arnulfo de Metz, Arnulfo de Flandes, Arnulfo de Inglaterra, Arnulfo de Orleans, Arnulfo de Gap y Arnulfo de Soissons. Uno de ellos, cuya mujer seguía virgen cuando la metió en un convento para mayor seguridad, sería asesinado años más tarde por los criados de la dama, resentidos con él por haberlos dejado sin oficio. Otro, súbitamente abandonado por su esposa, se hizo sacerdote y murió obispo. «No he hecho nada bueno en mi vida», serían sus últimas palabras. Pero hay que tener en cuenta que la vida de los hombres en aquellos tiempos estaba hecha de rumores inverificables.

De los cornudos se decía que pertenecían a la «cofradía de San Arnulfo», que «se alojaban en el hotel Saint-Hernoux», o que «ponían una vela a san Arnulfo». Arnulfo, en tiempos de Rabelais, era como se llamaba al cornudo.[2] Es un cornudo quien, en el *Roman de la Rose*, se queja de la impudicia de su mujer:

> Por vuestra culpa y vuestra lubricidad
> me han metido en la cofradía
> de San Arnulfo, patrón de los cornudos.[3]

Y es otro cornudo—aunque no un cornudo cualquiera, pues se trata de san José—quien en *Histoire des trois Maries* lamenta que se hagan bromas con el embarazo de María, preñada antes de haber cohabitado con él (Mateo 1, 19): «Y para burla de todos | Arnulfo también seré apodado».[4]

Otro ejemplo, este parlamento en boca del cura libertino de la *Farce nouvelle très bonne et fort joyeuse du Pasté*, que no es ni tan buena ni tan alegre, pero que data del siglo XV, es decir de tiempos de Van Eyck:

> Como en las Escrituras está escrito,
> un hombre hubo que tomó esposa

y el día en que se casó,
puesto que él se lo pidió,
san Arnulfo lo ayudó
y en su cofradía entró
por gracia de su mujer.
Y tuvo, cuán cierto es esto,
catorce hijos de su esposa
sin saber cómo los hizo,
¡mirad qué milagro obró![5]

La primera descripción conocida del cuadro, la más próxima al momento en que fue pintado, menciona un cuadro de grandes dimensiones «que se conoce como Hernoul-le-Fin». Nada nos hace pensar que el título sea de Van Eyck. Lo único que sabemos con certeza es que el cuadro se conocía con ese nombre entre 1434 y 1516. ¿Acaso es temerario afirmar que en aquel tiempo el nombre de Arnulfo estaba asociado, para la inmensa mayoría, a las burlas conyugales, de las que se nutrían tantas fábulas y farsas, tantos poemas, novelas, cuentos y romances? No estoy hablando de Arnoul de Rumigny, ni de Arnold de Gueldre, personajes históricos: hablo de Hernoul-le-Fin, triste caballero sacado de un teatro de feria. Hernoul-le-Fin o el delicado Cornudo, Hernoul-le-Fin o el Cornudo magnífico, Hernoul-le-Fin con su mujer o el arquetipo del burgués burlado por su demasiado hermosa y demasiado joven esposa, que no duda en posar, falsamente sumisa, con su perrito, símbolo de la felicidad conyugal (aunque curiosamente también, en aquellos tiempos, símbolo de la lujuria),[6] mientras engaña a su marido en cuanto éste se descuida, como insinúan los dos versos de *El arte de amar* pintados sobre la madera dorada del marco: «No economices el prometer, que al fin no arruina a nadie, y todo el mundo puede ser rico en promesas».

Poco importa lo que se estén prometiendo: se engañan mutuamente, y a este jueguecito siempre gana la mujer. No otra sería la lección del cuadro. Reafirmaría al espectador en la idea comúnmente admitida de que:

Fame est sains por bien home oindre,
Fame est serpens por granment poindre,
Fame est chevaus de grant ardure,
Fame est dragons d'autre nature,
Fame est gorpil por tout deçoivre,
Fame est orce por tout reçoivre,
Fame es rate por tout confondre,

Fame est soris por soi repondre,
Fame est le jor comme mauvis
Fame est la nuit chauve-souris,
Fame est huans, fame est fressaie,
La nuit se muce, le jor s'égaie.[7]

Dicho de otro modo:

La mujer es ungüento suave,
la mujer es serpiente que muerde,
la mujer es fogosa yegua,
la mujer es dragón de otra naturaleza,
la mujer es un astuto zorro,
la mujer es osa acaparadora,
la mujer es rata que todo lo infecta,
la mujer es cobarde ratón que se esconde,
la mujer es de día gaviota,
la mujer es de noche murciélago,
la mujer se burla, cual lechuza,
de noche se esconde y de día se divierte.

V

UNA CERRADURA PARA OCULTARLO

El ojo sigue los caminos
abiertos por la obra.

PAUL KLEE

A riesgo de otorgar a las palabras un crédito que quizá no merecen, entre un Hernoul-le-Fin ridículo y grotesco, cuyo infortunio conyugal provoca la carcajada del espectador, y un tal Arnolfini, comerciante de Lucca posando con su esposa, me quedo sin dudarlo con el primero. Y más aún si tenemos en cuenta que esta acepción del título abre perspectivas nuevas, no tanto sobre la interpretación del cuadro como sobre las artimañas que se habrían usado para ocultar su sentido. Pues está claro que el cuadro representa algo muy distinto a un burgués engañado: esta pista es una pista falsa y quien la siga será la víctima de ese marido pretendidamente engañado. Como dice un viejo refrán: no siempre es el engañado el más perjudicado.

De manera que *Hernoul-le-Fin*, clara imagen del cornudo por antonomasia, sería a la vez un cebo y un trampantojo. Un cebo que si hoy en día ya no engaña a nadie, pudo hacerlo en una época en la que el nombre de Arnulfo era un nombre más elocuente. Y un trampantojo que disimularía bajo la inocente apariencia de una escena de género algo que se habría pintado y que, a pesar de haberse pintado, no debía verlo todo el mundo. Estrechamente relacionado con los dos versos de *El arte de amar*, el título ocultaría el cuadro como el árbol oculta el bosque. El cuadro encubriría una verdad secreta, y los *caminos* sugeridos por Van Eyck nos conducirían deliberadamente a las antípodas de esta verdad. Por lo demás, basta con examinarlo someramente para que no nos quepa duda de que oculta algo cuyo significado se nos escapa, en proporción al número de interpretaciones que ha suscitado desde su incorporación a los fondos de la National Gallery. Veamos algunas de estas interpretaciones por orden cronológico (la lista no es exhaustiva):

1) «Un hombre y una mujer que se tienden la mano unidos por la Fidelidad» (abate Carton, 1847).[1]

2) Una escena de quiromancia: un astrólogo lee en la mano de la mujer el futuro del niño que ella está esperando (Louis Viardot, 1852).[2]

3) «La legitimación». Van Eyck se ha representado a sí mismo regularizando su situación con la dama a la que toma por esposa y que está encinta (Léon de Laborde, 1855).[3]

4) El retrato de Giovanni di Arrigo Arnolfini y de su esposa Giovanna Cenami (William Henry James Weale, 1861).[4]

5) Un misterioso rito nupcial consagrando la unión de Giovanni di Arrigo Arnolfini y de Giovanna Cenami en presencia de dos testigos, uno de ellos el propio Van Eyck (Erwin Panofsky, 1934).[5]

6) Un retrato de Van Eyck y de su esposa (Maurice Walter Brockwell, 1952).[6]

7) El matrimonio morganático de Michele di Arrigo Arnolfini y una tal Elisabeth (Elisabeth Dhanens, 1980).[7]

8) Los esponsales de Giovanni di Arrigo Arnolfini y de Giovanna Cenami (Edwin Hall, 1994).[8]

9) Un retrato de Van Eyck y de su esposa a punto de dar a luz (Pierre-Michel Bertrand, 1997).[9]

10) El retrato de Giovanni di Nicolao Arnolfini, vuelto a casar después de la muerte de Co-

stanza Trenta, posando en compañía de su segunda esposa (Lorne Campbell, 1998).[10]

11) Un homenaje fúnebre de Giovanni di Nicolao Arnolfini a su difunta esposa Costanza Trenta (Margaret Koster, 2003).[11]

12) Un retrato de Van Eyck y de su esposa inspirado en el *Roman de la Rose* (Marco Paoli, 2010).[12]

Apasionante hipótesis la de Margaret Koster: reuniendo a la vez la tradición italiana de la *ricordanza* y las estatuas yacentes de las tumbas, convierte el cuadro en un epitafio a la memoria de Costanza Trenta (muerta, recordemos, antes de 1434). Koster ve en el cuadro la yuxtaposición de un hombre vivo y de una difunta que, como la Virgen en otras obras de Van Eyck, «estaría inmersa en una especie de blancura etérea». Pero lo que ha representado Van Eyck podría perfectamente ser algo más íntimo, algo mucho más temerario que un homenaje fúnebre. Así lo sugiere un indicio que tiene casi valor de prueba: se trata de una instrucción dictada por Margarita de Austria, exigiendo que los postigos que permitían ocultar el cuadro cerrasen con llave. «Pero era necesario poner una cerradura para ocultarlos—se lee en el margen del inventario de 1516—, cosa que su Alteza ordenó hacer».[13] Pequeños postigos para proteger los cuadros no eran raros, pero el añadido de una cerradura era sin duda excepcional. De todos los cuadros que reunió Margarita de Austria en su castillo de Malinas, seguramente *Hernoul-le-Fin* era el único que no podía ver todo el mundo.

Se me dirá con razón que Jakob Quelviz, el estudiante viajero alemán, pudo examinarlo libremente en 1599. Felipe II había muerto el año anterior. *Hernoul-le-Fin* se encontraba entonces en la Sala Chica* del Alcázar de Madrid,[14] donde el difunto rey de España había mandado colgar sus cuadros preferidos.[15] Utilizaré, para responder, el único triunfo de que dispongo: suponiendo que, o bien el secreto del cuadro se hubiera perdido ya, cosa poco probable; o mejor aún, que determinados detalles presentes en el

* No parece que Sala Chica fuera ninguna sala concreta del Alcázar de Madrid, por oposición a otras de mayor tamaño o importancia, ya que no se conservan descripciones fidedignas de la misma. La expresión proviene sin duda del *Thesoro chorographico de las Espannas*, 1599, de Diego Cuelbis, donde se lee la descripción del cuadro (véase p. 22) situado «Poco arriba en la salle chiqua à mano derecha».

espejo, detalles esenciales y minúsculos, difícilmente visibles hoy en día (a pesar de que el cuadro se restauró en 1942), habían perdido su nitidez después de siglo y medio expuestos al humo de los candelabros y a las impurezas del tiempo; suponiendo que la luz no era lo suficientemente potente como para que fuera posible percibirlos; y sobre todo que para *ver*, antes había que *saber* (y acercarse más). Suponiendo, en suma, que nada podía despertar sospechas, y la prueba es que nada las despertó, esas sospechas se sucedieron durante los siglos siguientes en los innumerables visitantes del Alcázar, del Palacio Nuevo y de la National Gallery.

Hemos llegado a un punto en que ya podemos examinar ese «gran cuadro llamado Hernoul-le-Fin». Observémoslo por última vez con ojos inocentes antes de que su sombría verdad se imponga. Lo mismo que en la película *Blow Up* el personaje de Thomas observa la inocente fotografía que ha tomado de las colinas de Hampstead Heath, antes de que sucesivas ampliaciones descubran, oculto por un arbusto, a un hombre armado con un revólver a punto de cometer un crimen.

VI

TOCANDO LA MANO UNO AL OTRO

> Te contaré todo lo que pienso
> sobre la Casa del Espejo.
>
> LEWIS CARROLL

De pie, uno junto a otro, un hombre y una mujer más joven que él, ambos ricamente vestidos, él de negro y violeta, ella de azul, verde y blanco. Se dan la mano. ¿Qué vínculo los une? «Hernoul-le-Fin con su esposa», así figura en el primer inventario de los bienes de Margarita de Austria. Sin embargo, en el segundo aparece como: «Un hombre y una mujer». Si bien la mujer lleva el tocado* blanco de las desposadas,[1] nada nos dice que sea la esposa de ese hombre. Ambos tienen en el mentón el mismo hoyuelo: podrían ser tanto hermano y hermana, padre e hija, tío y sobrina, como marido y mujer. Llamémosles de momento: *el hombre* y *la mujer*.

* *Huve*, en francés antiguo, especie de tocado o cofia

Agrias disputas han tenido lugar también sobre el hecho de determinar si la mujer esperaba o no un hijo. Un examen comparativo con el pequeño tríptico portátil de Dresde, que Van Eyck pintó en 1437, nos permite suponer que si bien presenta a primera vista los signos de un embarazo avanzado, existen al menos las mismas posibilidades—si no más—de que no esté encinta. El panel de la derecha del tríptico de Dresde representa a la santísima y virginal Catalina de Alejandría, y uno no puede más que asombrarse por la semejanza entre las dos mujeres: misma silueta, misma actitud, misma mano sujetando sobre el vientre los pliegues recogidos del vestido, que hacen que parezca embarazada de seis o siete meses. Pero Catalina de Alejandría tiene el pelo largo y suelto de las vírgenes. Y no está, no puede estar, encinta. Si Van Eyck hubiese querido darnos a entender que la mujer del cuadro lo estaba, ¿por qué la habría pintado con la silueta de una virgen y mártir? Y al revés, ¿por qué habría pintado a una virgen y mártir como si fuese una mujer encinta? (fig. 5).

---

que solían usar las mujeres en la Edad Media.

Ambos están de frente «dentro de una alcoba», en cuyo interior parecen extrañamente grandes y desproporcionados. Sus siluetas forman una M en torno a la cual se organiza el cuadro. Al fondo de la alcoba, la convexidad de un espejo esférico colgado de la pared los refleja de espaldas. Al fondo del espejo, el reflejo de una puerta abierta. En el encuadre de esta puerta, dos minúsculos personajes, uno vestido de rojo, el otro de azul. Están en el umbral de la puerta, es decir en el lugar mismo en que nos encontramos nosotros cuando miramos el cuadro, y observan la extraña ceremonia que la pareja está llevando a cabo.

Con el brazo indolentemente tendido, el hombre sostiene con su mano izquierda la mano derecha de la mujer, cuya palma está vuelta hacia arriba. La sostiene como si estuviese a punto de leer sus líneas, pero su atención está en otra parte: con la mirada ausente, parece esforzarse en no mirar hacia ningún lado. Ella, vuelta de tres cuartos, con la cabeza ligeramente inclinada, observa atentamente la mano derecha del hombre, que él mantiene solemnemente levantada haciendo el gesto del juramento, el codo pegado al cuerpo, el antebrazo doblado. Y la forma poco natural, extraña, que tienen este hombre y esta mujer de cogerse la mano no tiene más explicación que esta: el hombre está efectivamente prestando juramento. Ha levantado la mano derecha, y sobre la mano derecha que le tiende la mujer, con la palma hacia arriba y que él sostiene con su mano izquierda, es sobre la que jura, como se jura sobre la Biblia en los países anglosajones. La mujer no tiene ojos más que para esa mano que está prestando juramento, de manera que se produce, como de rebote, un movimiento que va de sus ojos hacia la mano levantada del hombre, y de esa mano levantada hacia la mano que le tiende la mujer, y toda la *action* del cuadro se concentra en el triángulo isósceles que dibujan estos tres puntos: los ojos de la mujer, la mano levantada del hombre, las manos unidas del hombre y de la mujer.

Delante de la pareja, de pie sobre sus cuatro patitas, un grifón de Bruselas de pelo largo y rojizo, magníficamente pintado, observa a los dos personajes que aparecen en el encuadre de la puerta. Nos está mirando a *nosotros*. Él es el único con quien podemos cruzar la mirada.

En cambio no aparece reflejado en el espejo (fig. 6).

Se ha querido ver en este reflejo ausente un descuido, en el peor de los casos, y en el mejor un indicio inequívoco de que Van Eyck pintó el grifón al final, a fin de equilibrar la composición del cuadro. En apoyo de esta hipótesis, el análisis mediante luz infrarroja revela, en el caso del perrito, la ausencia de boceto previo.[2] Pero también podemos escuchar lo que nos dice el lenguaje de los signos con su prolijidad conmovedora y contradictoria: el espejo puede simbolizar la vista, o la vanidad de todas las cosas, o el orgullo, o la lujuria, o la prudencia; puede ser un atributo de Venus, de Sócrates, de Medusa o de la Virgen María; pero es también y sobre todo un atributo de la Verdad.[3] Desde los tiempos de Demócrito, sabemos que no sabemos nada, pues la verdad está en el fondo de un pozo. En los cuadros *pompiers** de finales del siglo XIX, ya permaneciese desnuda en su pozo o emergiese de él para iluminar a la humanidad, a la Verdad se la solía representar con un espejo en la mano. Una fábula de Florian recuerda los tiempos remotos en que la Verdad recorría el mundo «con

* *Art pompier*: denominación despectiva del academicismo pictórico francés.

un espejo en la mano». Véase también, sobre la semblanza de las imágenes reflejadas, el delicioso *Blason du miroir* de François Bérenger de La Tour, que data de mediados del siglo XVI:

> Espejo gentil, bruñido, nítido, y sereno
> que nos recuerdas lugares, sin olvidarte de nada.

El de Gilles Corrozet, de 1539:

> Espejo de acero bien bruñido
> y reluciente
> que como el agua clara refleja
> toda figura aparente...[4]

O incluso estos cuatro versos de Guillaume de Lorris en el *Roman de la Rose*:

> También como el espejo muestra
> las cosas que tiene enfrente
> y ve en ellas sin disfraz
> el color y la figura...[5]

El espejo convexo del cuadro mide cinco centímetros de diámetro. Van Eyck reproduce en él la alcoba con una minuciosidad de miniaturista y una exactitud de geómetra, que alcanza su grado máximo en el reflejo del paisaje que se ve por la ventana: un vergel, además de algunas minúsculas casas con su tejado rojo y sus milimétricos accesos. Pronto hará seis siglos que se pintó el cuadro, y dos que se expone a la mirada de los visitantes de la National Gallery. Millones de personas se han sentido atraídas por esa especie de ojo saltón hacia el que convergen la mayoría de las líneas de fuga del cuadro. El ojo de Dios se llama también a los espejos: un ojo sobre cuya retina no se imprime nada más que la realidad tangible de las cosas, no ilusiones, simulacros, visiones o apariencias. Y, mira por dónde, por culpa del perrito la escena de la alcoba y la escena del espejo no nos parecen exactamente iguales (figs. 7 y 8). ¿A cuál de las dos debemos creer? Lo que nos dicen nuestros ojos es claramente contradictorio: por un lado vemos al perrito, nos cruzamos con su mirada, no hay nada más vivo, más real, que él; por el otro, ya podemos buscar, que no lo encontraremos reflejado en el espejo. De manera que se perfilan las dos premisas y la conclusión difícilmente aceptable de un silogismo sin embargo válido. *Primera premisa*: el espejo sólo refleja la realidad tangible de las cosas. *Segunda premisa*: el perrito no está reflejado en el espejo (fig. 6). *Conclusión*: el perrito está fuera de la realidad tangible de las cosas, luego es una ilusión, un simulacro, una visión, una apariencia.

Detengámonos un momento más en el espejo: esto es lo que nos sugiere al menos la desconcertante conclusión de este silogismo. Y de hecho, basta con tomarse la molestia, abrir los ojos, comparar punto por punto la escena de la alcoba y la del espejo (con la ayuda, si es necesario, de una lupa), para detectar algunas anomalías muy extrañas. Por ejemplo, ¿dónde está el reflejo del rostro de la mujer? ¿Y las manos juntas de la pareja, en qué punto del espejo se encuentran? ¿Qué es esa mancha negra en el lugar de la mano que el hombre tiende a la mujer? ¿Y esa mecha retorcida que se escapa, rodea la ropa del hombre y se disipa cerca de la ventana abierta, qué es? Hay algo oscuro y confuso en todo esto: Estamos ante un espejo de enigmas.

Por la manera en que la mujer está situada en el cuadro, girada de tres cuartos hacia el hombre, el espejo debería reflejar una parte de su sien derecha y una de las dos trufas (o cuernos) de crespina transparente que cubren sus cabellos claros;* tal vez también la punta de su nariz; pero no, no aparece reflejado ningún rasgo de su bello rostro. Sigamos mirando: de los dos minúsculos personajes que se reflejan en el fondo del espejo, uno de azul y el otro de rojo, adivinamos algo así como el rostro; del hombre, a pesar de que en el espejo nos da la espalda, nos parece ver con la lupa el reflejo de su mejilla izquierda trazado con una pincelada muy fina, así como un trocito de su cuello blanco (a no ser que esta minúscula mancha clara, apenas un punto, sea el broche de su vestido. Pero no, no tiene el brillo del metal, para pintarla Jan ha utilizado el mismo color que para el rostro); pero de la mujer, nada. Se diría que el tul de tela blanca cayendo en cascada sobre sus hombros sólo cubre el vacío.

Y por lo que respecta a las manos unidas del hombre y la mujer, no es difícil darse cuenta de que la convexidad del espejo debería de alargar-

* Tocado de origen francés formado por dos trufas o cuernos, uno a cada lado, y cubierto generalmente por una redecilla o crespina.

las y hacerlas mucho más *visibles* de lo que son: tan visibles, por ejemplo, como el tocado blanco de la mujer. ¿Es acaso su reflejo esa minúscula manchita blanca entre las dos siluetas? Un reflejo muy contrario entonces a las leyes de la reflexión de los espejos. Y sin embargo, es tan fuerte nuestra necesidad de ver aquello que deseamos ver, tan ingenioso el arte de Jan, que esa manchita, contra toda lógica, logra engañarnos, aunque basta una lupa para darse cuenta de que puede perfectamente formar parte de la ropa del personaje vestido de azul que aparece en el marco de la puerta. Lo mismo que el rostro de la mujer, tampoco las manos juntas de la pareja parecen reflejarse en el espejo, de modo que nuestra percepción del cuadro se modifica por completo.

Evidentemente, la duda persiste. Se trata de detalles milimétricos. No hay ojo infalible, e incluso mirando bien a veces vemos las cosas distintas de como son. Pero aquí hay gato encerrado; y la sospecha, surgida con la constatación irrefutable de que el pequeño grifón no se refleja en el espejo, es cada vez mayor. Como si Van Eyck, al mismo tiempo que nos muestra a un hombre, a una mujer y a un perrito, nos dijese al oído que aquello que ha pintado no tiene nada que ver con lo que creemos estar viendo.

Queda todavía esa extraña marca negra en el lugar del reflejo de la mano izquierda del hombre. Marca, o mancha, o resto de suciedad. O incluso ausencia. Una ausencia tan ausente que pasa desapercibida. Sin embargo está ahí, en la prolongación del antebrazo del hombre. Negra, densa, redondeada, divide en dos la silueta del visitante vestido de rojo, oculta en parte la ropa del personaje vestido de azul, y parece dar origen a una larga trenza, difícilmente perceptible a primera vista pues se confunde con el terciopelo oscuro de la casaca, pero evidente sin embargo. ¿Esta marca negra, esta trenza, de qué son el reflejo?

Aquí tiene lugar una de esas coincidencias misteriosas, como sucede a menudo entre una expectativa (o un deseo) y la repentina manifestación de fenómenos que conducen a su cumplimiento. En una época en que una especie de vaga ensoñación me arrastraba con frecuencia y a mi pesar, por decirlo de algún modo, hacia esta enigmática pareja, una curiosidad por un autor que hacía tiempo quería leer, sin ninguna relación con el interés que me suscitaba el cuadro, hizo que comprase por Internet, es decir, a ciegas, sin siquiera haberlo hojeado, un librito de ocasión; y me quedé perplejo después de leer un relato que, sin sombra de duda, contenía la clave de la escena pintada por Van Eyck, con una diferencia sin embargo, irónica en este juego de reflejos, y es que se trata de un relato en espejo: la mujer representa el papel del hombre y viceversa.

UNA AVENTURA DE LA TÍA MELANCHTHON

Cuenta Philippe Melanchton que su tía, que había perdido a su marido y estaba a punto de dar a luz, vio entrar una noche, mientras estaba sentada junto al fuego, a dos personas en su casa; una tenía la forma de su difunto marido; la otra, la de un franciscano de gran estatura. Al principio se asustó al verlos; pero su marido la tranquilizó y le dijo que tenía que comunicarle algo importante; después hizo señas al franciscano para que entrara un momento en la habitación de al lado mientras le daba a conocer sus deseos a su mujer. Entonces le rogó que mandara decir misas por él y le pidió que le diera la mano sin temor. Como ella ponía reparos, él le aseguró que no sentiría ningún dolor. Puso entonces la mano en la de su marido, y la retiró, a decir verdad sin dolor, pero tan quemada que se quedó negra para toda la vida. Tras lo cual el marido llamó al franciscano y los dos espectros desaparecieron...*

«Una aventura de la tía Melanchthon» ilumina una pequeña recopilación de anécdotas fantásticas y cuentos recogidas por Charles Nodier, publicada en París en 1822 con el sonoro título de *Infernaliana*.[6] El nombre de Felipe Melanchthon (1497-1560) le otorga un excitante sello de autenticidad y nos acerca varios siglos al momento en que fue pintado el cuadro. Cuando conocí mejor a Nodier, pronto descubrí que, como hacía a menudo, se había limitado a transcribir, sin mencionar la fuente, un relato leído en alguna parte: «Una aventura de la tía Melanchthon» es la adaptación literal de «Visita conyugal de un espectro», breve capítulo de una *Histoire des fantômes et des démons qui se sont montrés parmi les hommes* ['Historia de los fantasmas y demonios que se han aparecido a los hombres'],

* Charles Nodier, *Infernaliana. Anécdotas, novelas breves, narraciones y cuentos sobre aparecidos, espectros, demonios y vampiros*, trad. Agustín Izquierdo, Valdemoro, Valdemar, 1997.

que publicó tres años antes, en 1819, una tal Gabrielle de Paban en París, quien a su vez no hizo más que adaptar al gusto de la época una de las numerosas anécdotas que componen el *Tratado sobre los vampiros* (*Traité sur les Apparitions des Esprits*) de dom Augustin Calmet, que data de 1746.* Y en el capítulo dedicado a la «Aparición de los espíritus que estampan su mano en las ropas o en la madera» nos volvemos a encontrar con nuestra historia, pero esta vez con la referencia al relato original de Melanchthon:[7]

Las pruebas están ahí, ocultas y manifiestas: la mujer es una muerta viviente. Es un espectro, un fantasma, una aparición. Como los difuntos caballeros de tiempos remotos que, montando su destrero, volvían a visitar a los vivos con armas y bagajes, así es la muerta que, magníficamente vestida y acompañada de un perrito fantasma, vuelve de ultratumba para visitar al hombre. Su

* Augustin Calmet, *Tratado sobre los vampiros, seguido de «Reflexiones críticas» del padre Feijoo*, trad. Lorenzo Martín del Burgo, pról. Luis Alberto de Cuenca, Madrid, Reino de Cordelia, 2009.

vestido azul, su tocado blanco, su verde sobreveste adornada con piel blanca: una crisálida vacía. Y ese perrito, tan fantasmal como ella, sólo puede ser suyo.

Ella está muerta. Su alma se consume en las llamas del purgatorio. No tiene ya ninguna realidad carnal, y entonces vuelve a la tierra, se le aparece al hombre aterrorizado para arrancarle la promesa que le está haciendo en ese momento, con la mano derecha levantada en señal de juramento. El hombre ha cogido con su mano izquierda la mano que ella le ha tendido: la retirará completamente quemada, pues al entrar en contacto con la de la aparecida, su mano arde, envuelta en una nube de humo negro que nos la oculta en el espejo, y de donde escapa, arrastrada por la corriente de aire, la pequeña voluta que vemos serpentear y arremolinarse tras la casaca negra del hombre, para a continuación disiparse junto a la ventana abierta.

Y se diría que el hombre lleva luto por ella: enorme sombrero negro, jubón negro, casaca de terciopelo violeta (o corinto) bordada y forrada de marta cibelina, calzas negras, finos botines negros, anillo de oro con una piedra negra engastada en el segundo dedo de la mano derecha.

Negro y violeta: los colores del duelo. ¿Es su esposo? ¿Su padre? ¿Un hermano? ¿Un tío? ¿Un primo? Todo incita a ver en él a un esposo de luto, pero Jan es muy hábil en el arte de confundir pistas. No saquemos conclusiones prematuras, más aún teniendo en cuenta que en la Edad Media tardía el color negro no era únicamente el color del luto, sino un color de moda en la corte de Borgoña:[8] entre los redactores de los inventarios y de las primeras descripciones del cuadro, nadie se extraña al ver a aquel hombre vestido de negro, nadie pronuncia la palabra *luto*.

Invisible y sin embargo a la vista de todo el mundo, semejante a *La carta robada* de Edgar Allan Poe, la increíble, la imposible verdad del cuadro reside en el cuadro mismo, oculta en el único objeto que no sabe mentir: el espejo. El resto es ilusión, simulacro, visión, apariencia. La verdad está en el fondo de un pozo. No hay más que asomarse para descubrirla y entonces ya sólo la vemos a ella. La verdad salta a la vista. Verdad peligrosa, próxima a la brujería y la nigromancia. ¿Fue para ocultarla por lo que la piadosa Margarita de Austria hizo poner una cerradura a los postigos del cuadro? Inocente precaución si fue así, y superflua, pues Van Eyck, maestro inigualable de la ilusión, supo disponer «sus redes, sus flechas, sus artefactos y lazos para sorprender a nuestra pobre alma»[9] y dejarnos ciegos.

Los detalles que acaban de describirse están reproducidos de manera bien visible en todas las páginas de Internet consagradas al cuadro y en la mayoría de los libros y catálogos recientemente publicados sobre Van Eyck.[10] Pueden verse mejor aún en la sala 56 de la National Gallery, en la que unos amables vigilantes no prohíben el uso de la lupa—y me pregunto qué singular encanto, qué misterioso hechizo ha hecho que nadie haya reparado nunca en ellos—.

VII

DEL PURGATORIO Y DE LAS APARICIONES

> Yo no creo en los fantasmas ni en los espectros. Pero me doy cuenta de que estoy equivocado.
>
> JEAN PAULHAN

Ahora es posible descifrar el cuadro como si fuera un jeroglífico. Sus detalles nos hablarán de los temores y de los deseos de una joven muerta que se aparece a un hombre que no se atreve, que no puede, mirarla. Quizá nos hablen incluso de su historia. No solamente la naturaleza *espectral* de la mujer le confiere un papel y un significado de una gran coherencia, y veremos que encajan como si fueran las piezas de un puzle, sino que nos llevarán mucho más lejos de lo que yo había imaginado al principio. Erwin Panofsky, en las admirables páginas que ha consagrado al cuadro, ha observado juiciosamente que el hombre y la mujer están «en una postura bastante ceremoniosa y tan distantes como la acción lo permite, no se miran uno al otro, pero parecen unidos por un lazo misterioso».[1] Ahora entendemos la razón de esta rigidez, por lo demás bastante más acusada en el hombre que en la mujer, como también sospechamos la naturaleza de ese misterioso vínculo. Pero antes de examinar los detalles, es necesaria una incursión por las desoladas tierras del purgatorio, aunque no sea más que para entender cómo una aparición sin existencia corporal puede llegar a infligir una auténtica quemadura a un ser de carne y hueso.[2]

Una proeza palindrómica anónima describe la condición de las almas del purgatorio: «*In girum imus nocte et consumimur igni*». Y, en efecto, las almas del purgatorio «giran en redondo durante la noche y son consumidas por el fuego». Un canon pronunciado durante el concilio de Florencia de 1439 recapitula este hecho (un invento después de todo bastante reciente, ya que el adjetivo *purgatorio* sólo se convierte en nombre propio a finales del siglo XII):

Declaramos, que las Almas de los verdaderos penitentes, muertos en la caridad de Dios, antes de haber hecho dignos frutos de penitencia para expiar sus pecados de comisión, o de omisión, son purificadas después de su muerte por las penas del Purgatorio, y que reciben alivio de estas penas por los sufragios de los Fieles vivos, como son el Sacrificio de la Misa, las oraciones, las limosnas, y las demás obras de piedad, que los Fieles hacen por los otros Fieles, según las reglas de la Iglesia; y que las Almas de los que no han pecado después de su Bautismo, o las de aquellos que habiendo caído en pecado han sido purificados de ellos en su cuerpo, después de haber salido de él, como acabamos de decir, entran al instante en el Cielo, y ven puramente la Trinidad, los unos más perfectamente que los otros, según la diferencia de sus méritos; en fin, que las almas de los que han muerto en pecado mortal actual, o sólo en el pecado original, bajan al instante al Infierno, para ser castigados en él, aunque con desigualdad.[3]

Entre el infierno y el cielo, entre el juicio particular que sigue a la muerte física y el Juicio Final que tendrá lugar al final de los tiempos, el purgatorio es a la vez un alivio escatológico y un lago de fuego (o el cráter de un volcán, o una montaña ardiendo). En él habitan las almas de los muertos, que una verdadera y sincera confesión ha limpiado previamente de sus pecados, pero que todavía deben ser purificados antes de entrar en el paraíso: almas penitentes de los soberbios, de los envidiosos, de los iracundos, de los perezosos, de los indolentes, de los avaros, de los pródigos, de los glotones, de los lujuriosos que habitan el purgatorio de Dante; almas de los negligentes que no hicieron acto de penitencia antes de morir; almas de aquellos que fueron sorprendidos por la muerte sin haber podido hacer un acto de contrición perfecta, como los desaparecidos por muerte violenta, como las mujeres que mueren al dar a luz, los ahogados y otros muertos sin sepultura. A la remisión de los pecados, concedida en la tierra, le sucede en el purgatorio la expiación de la pena.

Un confuso baremo aplicado por invisibles jueces determina la severidad de la sanción, es decir, su duración. Catalina de Génova (1447-1510) afirma en su *Tratado del Purgatorio* que allí se soportan los mayores sufrimientos y las mayores alegrías, pues se siente la proximidad de Dios. La proporcionalidad entre los pecados cometidos y el castigo infligido es la regla, pero, como toda regla, tiene sus excepciones: las indulgencias que el difunto obtuvo mientras estaba en vida acortan otro tanto su estancia en el purgatorio, y los sufragios de los fieles pueden también acortarla considerablemente. En *Liliom*, obra en cuatro cuadros del húngaro Ferenc Molnár, adaptada al cine por Frank Borzage y luego por Fritz Lang, el héroe, cómplice de un asesinato, es condenado a dieciséis años de purgatorio después de suicidarse con un cuchillo de cocina para escapar a la policía. En Dante, solo al finalizar «miles de lunares ciclos» pasados en las llamas para expiar su prodigalidad, el poeta Estacio podrá finalmente gozar en el paraíso de la contemplación beatífica del Padre, del Hijo y del Espíritu Santo (*Purgatorio*, XXII).*

El fuego del purgatorio se alimenta de sí mismo y se consume sin fin. No es un fuego metafórico, sino un fuego material, *corporal*. Intensos debates han tenido lugar para dilucidar cómo semejante fuego podía hacer sufrir a las almas, que son inmateriales. Gregorio Magno (*c.* 540 - *c.* 604) sólo puede responder a la pregunta con un sofisma:

* Dante Alighieri, *Comedia*, pról., coment. y trad. José María Micó, Barcelona, Acantilado, 2018, c. XXII, v. 36, p. 461.

No es extraño que un fuego corporal encierre, retenga, atormente en la otra vida a un espíritu sin cuerpo, ya que nuestra alma, que es puro espíritu, está retenida y encerrada en nuestro cuerpo.[4]

Catalina de Génova afirma que «sufren estas almas unas penas tan extremas, que no hay lengua capaz de expresarlas».[5] Y en otro artículo de su *Tratado*, describe la acción purificadora del fuego:

Pues así sucede con la herrumbre del pecado, que es como la cobertura de las almas. En el purgatorio se va consumiendo por el fuego, y cuanto más se consuma, tanto más puede recibir la iluminación del sol verdadero, que es Dios. Y tanto crece el contento, cuanto más falta la herrumbre, y se descubre el alma al divino rayo. Lo uno crece y lo otro disminuye, hasta que se termine el tiempo. Y no es que vaya disminuyendo la pena; lo que disminuye es el tiempo de estar sufriéndola.[6]

En la mitología ingenua y compleja del purgatorio, únicamente las misas y las oraciones por los muertos, la limosna, el ayuno, las penitencias y los padrenuestros tienen el poder de acortar la pena. Únicamente los vivos, mediante sus sufragios, pueden influir en el destino de los muertos. Con la condición, naturalmente, de pagar: la Iglesia encontró en el purgatorio el mejor medio de enriquecerse fácilmente. Pero, ya sea por incredulidad, negligencia, avaricia o impecunia, no todo el mundo cumple sus deberes para con los muertos. Las almas del purgatorio no son socorridas de forma equitativa. Y como, por otra parte, los sufrimientos que soportan son mayores que los peores tormentos que pueda concebir la imaginación, sucede que, apiadándose de ellos, los ángeles—o la Virgen, no se sabe bien, éste es un asunto bastante confuso—los autorizan a volver al mundo de los vivos para implorar su ayuda, y de paso convencer de la inmortalidad del alma a los incrédulos. De ahí los innumerables *exempla* y *mirabilia* que relatan la aparición de difuntos que vienen a solicitar *sufragios*, unas veces humildemente, otras con exigencias, con agresividad o incluso insolentemente. A veces también aparecen espíritus caritativos, que detallan minuciosamente los sufrimientos del más allá para exhortar a los pecadores a enmendar su conducta. Estoy seguro de que en algún recóndito archivo duerme un relato que explica la escena del cuadro mejor aún que «Una aventura de la tía Melanchthon».

La aparición confunde al entendimiento, se resiste a la descripción. No se trata de un cuerpo, sino de la imagen de un cuerpo. Es un espíritu, una sombra, una semblanza: una apariencia más o menos fiel. Durante la larga ascensión que lo conduce del pie del purgatorio a las puertas del paraíso, Dante reconoce a los espíritus de los muertos por su rostro, por su silueta. Le conmueven las espantosas heridas que presentan algunos. Pero son almas, no cuerpos. Cuando trata de abrazarlos se encuentra estrechando el vacío. Y sólo él, entre todos aquellos espíritus, intercepta los rayos del sol, porque sólo él está hecho de *vera carne*, de carne verdadera (*Purgatorio*, V, 33). Lo mismo pasa con los espectros, almas que vienen del purgatorio, que no tienen sombra ni se dejan abrazar (la mujer del cuadro posee una sombra, claramente visible sobre la colcha de la cama y en el espejo, pero la imaginería medieval nos ofrece otros ejemplos de semejante «anomalía»: en una miniatura del siglo XV que ilustra el *Decamerón*, conservada en la biblioteca del Arsenal, el fantasma de Tingoccio, cuando se aparece a su amigo Meuccio dormido, proyecta su sombra sobre la cama de manera parecida).[7] En cambio, los espectros tienen voz y no se privan de utilizarla, ya sea para pedir los sufragios de los vivos, exigir que se respeten sus disposiciones testamentarias, tratar de prevenir cualquier expolio, clamar venganza como el espectro de *Hamlet*, o anunciar una muerte inminente. Al profesor de teología y al prior de los dominicos que preguntan al espíritu del difunto Gui de la Torre, muerto en Verona en 1306, cómo puede hablar, éste, refiere Calmet, responde que «las almas separadas del cuerpo tienen la facultad de formar, con la ayuda del aire, instrumentos que les sirven para pronunciar palabras».[8] Los espectros suelen ser hombres. Las apariciones de mujeres son muy raras.

Atormentados por el fuego corporal que los consume, los espectros no pueden evitar abrasar o calcinar todo lo que tocan. Ateniéndonos únicamente a las apariciones domésticas que menciona Calmet, recordemos al difunto que, sin ninguna dificultad, «encendía una vela, aunque estuviese lejos del fuego».[9] Esto ocurría en 1135.

Cinco siglos más tarde, otro pide al sastre Simon Bauh que encargue misas para la salvación de su alma y aparece «rodeado de una llama oscura, como la del azufre cuando arde». Después de prometer el sastre cumplir su encargo:

... el espíritu le tendió la mano, como para sellar el pacto; pero Simon, temiendo que pudiese sucederle algo malo, le tendió un banco que tenía a mano, y al tocarlo el espectro, dejó impresa la huella de su mano con sus cinco dedos y sus nudillos, como si hubiera sido presa del fuego, y éste hubiera dejado en él una profunda huella.[10]

En el siglo XIII, *La leyenda dorada* de Santiago de la Vorágine nos cuenta la edificante historia del maestro Silo que tuvo lugar en París. Uno de sus compañeros de claustro, fallecido hacía poco, se le apareció al maestro Silo. Vestía una hopalanda de pergamino interiormente guarnecida de carbones ardiendo y plagada en el exterior de frases sofísticas escritas sobre la vitela: era el castigo por sus éxitos oratorios y las ganancias que en vida le valieron. Como al maestro Silo aquel castigo le pareciera bastante tolerable, el difunto dejó caer sobre su mano una gota de sudor ardiendo que la traspasó de parte a parte, provocándole un dolor atroz, y a continuación le dijo: «Ese dolor yo lo padezco en todo mi cuerpo y continuamente».* En aquel mismo momento el maestro Silo tomó la resolución de renunciar al mundo e ingresar en un monasterio.

Pedro el Venerable (*c.* 1092-1156) escribió que los hombres de carne y hueso sólo podían imaginar el horror de los suplicios del más allá mediante pobres palabras e insuficientes imágenes, y que por esta razón plugo a Dios mostrar mediante similitudes corporales lo que deberán padecer las almas de los muertos para expiar sus pecados.[11] Pero la Iglesia nos previene: en presencia de un espectro, lo primero que hay que hacer es asegurarse de que han sido los ángeles buenos los que le han ayudado a volver a la tierra y no los ángeles malos del diablo. Pues, en efecto, puede suceder que las apariciones que reclaman sufragios sean un truco diabólico del Malig-

* Santiago de la Vorágine, *La leyenda dorada*, vol. 2, trad. Fray José Manuel Macías, Madrid, Alianza, 2011, p. 708.

no que trata de persuadirlas de que pueden revolcarse a placer en el crimen, la blasfemia y la impenitencia, puesto que las oraciones y las misas que se digan en su nombre después de muertos les protegerán del fuego eterno del infierno. No es imposible que la mujer del cuadro sea una de esas enviadas maléficas. También puede haber vuelto entre los vivos para exhortar al hombre a corregir su conducta o para solicitar los sufragios que acortarán sus terribles sufrimientos en el purgatorio. ¿Qué le ha pedido? ¿Qué le ha prometido él levantando solemnemente la mano derecha? Ha llegado el momento de examinar los detalles.

VIII

LA VELA Y LOS MEDALLONES

> Una habitación que se asemeja a un ensueño, una habitación en verdad espiritual…
>
> CHARLES BAUDELAIRE

De entrada, vemos algunas cosas. Una cama cubierta con una colcha roja, unos escaños de madera finamente labrados contra la pared del fondo, un baúl bajo la ventana, tres naranjas encima, un lujoso candelabro de cobre colgado de una viga del techo (la llama de una única vela, curiosamente encendida en pleno día, arde, recta y clara, en uno de sus brazos), una alfombra al pie de la cama, un paternóster (especie de rosario) colgado a la izquierda del espejo, un par de zuecos de madera, un par de chinelas rojas, un cepillo para el polvo, una ventana con mainel que deja ver un árbol y un trozo de cielo, una naranja en el reborde de la ventana; y, por supuesto, el espejo convexo, cuyo marco circular está adornado con diez pequeños medallones. Es un opulento interior flamenco de la década de 1430, compuesto por elementos tan *verosímiles* que han dado pie a buscar qué artesanos los habían fabricado, cuál podría ser su precio, y en qué viviendas había encontrado Van Eyck el modelo. Pero un interior *transfigurado* por el surgimiento de la aparición que, mientras dura su presencia va a otorgar a cada uno de esos elementos un valor simbólico. De ahí, un constante vaivén entre representación de la realidad y representación figurada, al que continuamente deberán acostumbrarse nuestros ojos y nuestra mente.

La primera que tuvo la intuición de que el cuadro hablaba de muerte fue Margaret Koster, quien recordémoslo, ve en el cuadro un epitafio, un homenaje fúnebre de Giovanni di Nicolao Arnolfini a su difunta esposa Costanza Trenta: el equivalente pictórico de una tumba con una figura yacente.[1] Empezaré mi análisis exactamente en el punto en el que ella termina el suyo. Dos indicios, que ella observa y analiza con mucho tino, evocan la vida y la muerte de una manera sutil y nos descubren la minuciosa estructura del cuadro.

En primer lugar la vela, esa única vela curiosamente encendida en pleno día (fig. 9). Más adelante veremos la función que tenía en la vida cotidiana. Por ahora, como símbolo sin duda puede significar la iluminación de la fe, pero también el carácter efímero de la vida humana.[2] Y observen que está encendida precisamente encima del hombre, mientras que en el lado de la mujer, unos finos chorretones de cera casi invisibles, pegados al fuste de uno de los brazos del candelabro, revelan que allí hubo una vela que se consumió.

El segundo indicio nos vuelve a llevar al espejo (fig. 6). Pero no a lo que refleja con tanto secreto, sino a su marco, adornado con diez pequeños medallones que representan la Pasión de Cristo y la resurrección. Empezando por abajo y subiendo en el sentido de las agujas del reloj, las escenas son sucesivamente: Cristo en el monte de los Olivos, El Prendimiento, Cristo ante Pilatos, La Flagelación, La subida al monte Calvario, La Crucifixión, El Descendimiento de la Cruz, El Entierro, Cristo en el Limbo, La Resurrección. A pesar de que su diámetro sea de pocos centímetros, los episodios son fácilmente identificables, ya que Jan llevaba su pasión por el detalle al extremo de provocar la ilusión de que cada uno de los medallones estaba protegido por un cristalito convexo, similar al cristal que protege hoy nuestros relojes. Y, mira por dónde, uno tras otro dejan caer el mismo mensaje que las velas: por el lado del hombre, Cristo está vivo. Por el lado de la mujer, está muerto. Mismo mensaje, excepto que el último medallón, el de Cristo crucificado que hay a su lado, deja concebir esperanzas sobre la salvación de la joven.

Los medallones del espejo, la vela encendida y la vela apagada: dos detalles en el límite de lo visible que sólo la presencia de la aparición en la habitación metamorfosea en símbolos de vida y muerte. Dos detalles que nos muestran además que la vertical que pasa por el eje del candelabro divide al cuadro en dos mitades opuestas, en dos campos podríamos decir: el del hombre y el de la mujer, el de la vida y el de la muerte. Única excepción a esta regla, el perro fantasma, cortado en dos por la mediana vertical. Pero ¿acaso no era necesario que estuviese entre el hombre y la mujer para que pudiésemos darnos cuenta de su ausencia en el espejo?

IX

EL LEÓN, EL DIABLO Y EL CEREZO

Si los signos os molestan [...] ¡cuánto más os molestarán las cosas significadas!

FRANÇOIS RABELAIS*

En el *Bestiaire divin* que compuso Guillaume le Clerc de Normandie a principios del siglo XIII, se atribuyen al león tres cualidades: habita en altas montañas; cuando un cazador lo persigue, borra con la cola la huella de sus pisadas; duerme con los ojos abiertos. Cuando los cachorros que paría la hembra del león caían a tierra sin vida, permanecían abandonados durante tres días hasta que llegaba el león, y, soplando sobre ellos los devolvía la vida. Guillaume añade que Cristo, como un cachorro de león, estuvo sin vida durante tres días, pero Dios le instó a salir de la tumba y resucitar.[1]

* *Gargantúa y Pantagruel. (Los cinco libros)*, trad. y notas Gabriel Hormaechea, prefacio Guy Demerson, Barcelona, Acantilado, 2011, p. 707.

Refrendada por Orígenes y por san Agustín, esta dudosa fisiología del león resucitando a sus cachorros se convirtió en el símbolo omnipresente de la resurrección en el arte medieval. Y así es como debemos interpretar al leoncito sentado que nos mira. Difícilmente visible, está esculpido en el reposabrazos de la silla gótica de alto respaldo parcialmente oculta por la cama, y aparece detrás de la sobreveste verde que la mujer recoge sobre su vientre con su mano izquierda (fig. 10).

Lindando con la silla gótica vemos un escaño cubierto por una tela y unos cojines rojos. Dos monstruos sentados espalda contra espalda adornan el reposabrazos: del que está vuelto hacia la pared, no vemos más que las orejas enhiestas, la melena y el espinazo. Su pareja está de frente. Suspendido sobre la mano de la mujer, como un gato rabioso a punto de saltar o de escupirte encima. Mitad hombre mitad animal, con un babero anudado al cuello y un sombrero encasquetado, tiene las patas hendidas del macho cabrío, las orejas de gato, y una mueca humana le deforma el rostro. Esta teratología es una representación bastante convincente del diablo o de alguno de sus acólitos.

Abajo, por tanto, el león, animal divino, símbolo de la resurrección; arriba, el demonio. Dos adornos delicadamente esculpidos en los reposabrazos de dos preciosas piezas de ebanistería. Y la aparecida, tan cerca de uno como de otro. El león está debajo, el diablo justo encima de su mano derecha. ¿Qué significan entonces estas dos figuras? Significan que su alma *se la disputan Dios y el diablo*, como sucede por lo demás con todas las almas del purgatorio. Una disputa reñida, pues los dos quieren ampliar su reino. Más cerca de ella, más visible a primera vista, ocupando una posición más elevada, el diablo parece estar a punto de llevársela. Pero el león vigila. Lo mismo que el medallón del Cristo resucitado, su presencia nos dice que la salvación es posible. «No hay que perder la esperanza, nos diría una pitonisa, pero todo está en manos del hombre de luto».

Si él se atreviera a mirarla, si volviese la cabeza hacia ella, la vería—como en el escenario de un teatro—enmarcada por las cortinas del lecho, destacando sobre un fondo uniformemente rojo. Travesaño, colcha, cortinas y baldaquino, todo es rojo, de un rojo profundo, lujoso, el más caro posible, pero un rojo que en esta ocasión simboliza las llamas del purgatorio, de donde ella viene y adonde muy pronto va a regresar.

Frente a ella, parcialmente oculta a su vista por la silueta del hombre: la ventana (fig. 11). El vitral superior está hecho de piezas redondas engastadas en una rejilla de plomo, rodeadas de un friso de pequeños cristales de colores. Van Eyck repite con frecuencia esos discos de vidrio soplado en sus cuadros religiosos: la *Virgen del canciller Rolin*, la *Virgen de Lucca*, la *Virgen del canónigo Van der Paele*, *La Anunciación*, la *Santa Catalina de Alejandría* del pequeño tríptico portátil de Dresde, y la repetición del motivo es cualquier cosa menos fortuita, si tenemos en cuenta que el círculo simboliza la perfección divina.

En la parte inferior de la ventana no hay vitral sino unos postigos interiores abiertos que dejan entrar la luz del día. El cielo está despejado. Y el árbol de fuera, cargado de minúsculos frutos rojos cuya brillante piel refleja (bajo la lupa) los rayos del sol, es un cerezo. En el reborde de la ventana, una naranja. Y otras tres más encima del baúl de madera situado bajo la ventana.

Un breve artículo del precioso *Diccionario de temas y símbolos artísticos* de James Hall nos informa que la cereza es el fruto del paraíso. El mismo James Hall observa que naranja, en flamenco se dice *Sinaasappel* ('manzana de China'), y que en la pintura flamenca la naranja tiene el mismo significado que la manzana, el fruto del Árbol de la Ciencia.[2] Si concedemos a estos detalles el significado que tienen en la pintura religiosa, la presencia de la aparición en la habitación les otorga un sentido luminoso.

Afuera, a nuestra izquierda: el paraíso, simbolizado por el cerezo y por las piezas de vidrio soplado; a continuación una única naranja sobre el reborde de la ventana, causa y símbolo del pecado original que un único hombre introdujo en el mundo y transmitió a todo el género humano. En la parte de la alcoba que representa el mundo terrenal: el hombre vestido de negro. Su masa oscura se encuentra entre el Cielo y esa mujer que ha vuelto de entre los muertos. Y él está de espaldas a un objeto que podría bastar por sí solo para hacernos comprender por qué ha venido ella a buscarlo: el rosario colgado de la pared al lado del espejo (fig. 6). Sus veintinueve cuentas de cristal tienen la transparencia amarilla del ámbar, están ensartadas en un cordón que termina en dos borlas de seda verde, a la espera de que el hombre las pase entre sus dedos rogando por la salvación del alma de la difunta.

Detrás de la aparecida, el purgatorio donde soporta los peores tormentos; detrás del hombre, el paraíso al que la impide acceder de momento. Por un lado el mundo de los muertos; por el otro el de los vivos. El más allá y el aquí en la tierra. Dos mundos separados uno del otro por la línea vertical que prolonga el eje del candelabro. Admirable composición del cuadro.

Composición que reafirman dos pequeñas zapatillas de mujer de color rojo—más exactamente esa variedad llamada chinelas—dejadas en el suelo delante del escaño: se tocan por los talones, incomparables zapatillas, incomparablemente conmovedoras (fig. 12). Fabricadas en cuero rojo, tienen la suela de madera y están adornadas con pequeñas tachuelas doradas. Su ángulo forma la letra v, cuyo vértice se encuentra exactamente en la mediana vertical del cuadro. La de la derecha en dirección al purgatorio, la de la izquierda en dirección al paraíso.

¿Vestía la joven tan lujosamente en vida, o han sido los ángeles los que la han ataviado así para que se presente ante el hombre? En el libro que Jean-Claude Schmitt dedicó a los espectros, algunas observaciones dispersas sobre su aspecto dejan suponer que la belleza de su atuendo anuncia el fin inminente de sus sufrimientos.[3] Volvamos a contemplarla. Lleva una cadena de oro de dos vueltas alrededor del cuello, de la cual pende sin duda un colgante disimulado por su vestido; una sortija en el quinto dedo de la mano izquierda y un anillo con una piedra oscura engastada en el cuarto dedo de la misma mano. Tocada con la cofia blanca de las desposadas, vestida de verde y azul, colores alegres de la esperanza y del amor, junto con su perrito (el fantasma de su perrito), atributo de la fidelidad, símbolo de un amor conyugal que perdura más allá de la muerte, ha venido a buscar a su esposo. Todos estos detalles son pistas para convencernos de que fue su esposa, de que es su esposa muerta.

En cuanto a él, no atreviéndose a mirarla, jura hacer cuanto ella le pida. Jura encargar misas, rogar por ella, ayunar, dar limosna a los pobres, hacer donativos a la Iglesia, dar dinero para las almas del purgatorio, dar más y más, rezar más y más, cumplir de una vez por todas con sus obligaciones para con la difunta que al parecer ha venido a recordárselas. Jura, pero su mirada huidiza parece desmentir el gesto de su mano y hacerse eco de los versos de Ovidio pintados en la madera dorada del marco que ha desaparecido: «*Promittas facito, quid enim promittere laedit? | Pollicitis dives, quilibet esse potest*».

Promittas facito, literalmente 'Haz como si prometieses'. Dicho de otro modo, 'Esfuérzate en prometer'. El dístico puede leerse también como un consejo ingenuo: «Por mucho que te cueste, hazlo». El hombre se obliga a prestar juramento. Jura con reticencia y sin duda trata de desembarazarse lo antes posible de esa sombra que ha venido a visitarle, pero jura. «No economices el prometer, que al fin no arruina a nadie, y todo el mundo puede ser rico en promesas». ¿Quién, en su lugar, no estaría aterrorizado? ¿Qué hombre prestaría de corazón juramento a un espectro? «No acudáis a los que evocan a los muertos, ni a los adivinos, ni los consultéis, para no mancharos con su trato», dice el Levítico (19, 31). El hombre no puede ni quiere volver la cabeza hacia ella: el terror y el espanto son las causas de esa mirada extraviada. Y por lo que respecta a su mano derecha levantada—pintada varias veces como puede verse a simple vista y mejor aún bajo la luz infrarroja,[4] cosa que hace que parezca que es presa de un temblor—, es como si Van Eyck se hubiera propuesto concentrar en ella a un tiempo el rechazo, la duda, el miedo, la desconfianza, y finalmente la aceptación. Volvamos a mirar: en el primer estado del cuadro, la palma mirando hacia arriba, líneas bien visibles, es un rechazo lo que da a entender; a continuación el hombre ha cedido a los ruegos de la aparecida, y la palma de su mano se ha inclinado hacia abajo, en dirección a la que ella le ofrece abierta, sobre la que va a prestar juramento (fig. 13).

Están de pie en la habitación, silenciosos, un vivo y una muerta que ha vuelto entre los vivos. Han hablado. ¿Qué ha dicho ella? Quizá, como el espectro del padre de Hamlet cuando habla con su hijo, ha dicho al esposo aterrado que ella no puede revelar los secretos de su cárcel de fuego, ni divulgar los misterios de la vida eterna a hombres de carne y hueso, pues la menor palabra de tal relato estragaría su alma y helaría su sangre. Quizá, como en *Hamlet*, le habrá dicho: «Adiós, adiós. Acuérdate de mí».

A menos que no haya proferido palabras más

espantosas todavía. ¿Quién es esta mujer? ¿Un alma en pena consumida por el fuego del purgatorio (como todo parece indicar) o una trampa diabólica? Sólo lo saben el hombre y Van Eyck. Sólo ellos saben si el perrito es símbolo de fidelidad conyugal o una figura demoníaca (que según se dice es lo que suelen ser las apariciones de animales).[5] Pero lo que ellos saben nosotros no lo sabremos nunca. Y el cuadro no nos dirá nada más. Todo lo más que podemos conjeturar es que la mujer *parece* haberse aparecido al hombre para implorar sus sufragios. Lo dejaremos aquí.

De pie en la alcoba, ninguno de los dos tiene intención de romper el silencio. Se diría que les importa poco la llegada de los dos visitantes que acaban de aparecer y se disponían a entrar en el preciso momento en que el hombre ha levantado la mano derecha para prestar juramento. La aparecida observa esa mano levantada, y él se mantiene todo lo alejado de ella que puede. Sólo su mano izquierda ha cruzado la línea que separa el mundo de los vivos del mundo de los muertos: esa mano carbonizada por el fuego corporal que atormenta a la muerta.

Invirtamos los pronombres de «Una aventura de la tía Melanchthon»:

Entonces le rogó que mandara decir misas por ella y le pidió que le diera la mano sin temor. Como él ponía reparos, ella le aseguró que no sentiría ningún dolor. Puso entonces la mano en la de su esposa, y la retiró, a decir verdad sin dolor, pero tan quemada que se quedó negra para toda la vida.[6]

X
LOS ZUECOS

> Holmes [...] se humedeció un dedo y lo pasó suavemente por el zueco. Sobre la piel le quedó una fina capa de barro reciente.
>
> ARTHUR CONAN DOYLE

De pronto los menores detalles del cuadro parecen llenos de sentido. Que su aparente simplicidad disimule una red de significados tan densa, mientras despliega de forma casi invisible esa arácnida complejidad, resulta de entrada prodigioso. Pero estamos muy lejos de haber acabado con los detalles. En primer plano, replicando en cierto modo a las chinelas, el hombre ha dejado en el suelo dos chanclos de madera con tiras de cuero negro. El *Larousse* de 1923 nos da una definición precisa de esta palabra. «*Socque*: n. m. (del latín *soccus*, 'sandalia'). Zapato de madera, en el que se mete el pie calzado con un zapato más fino, para protegerlo de la humedad». Por lo demás, un ensayo de reconstrucción histórica de la ropa de Juana de Arco que realizó en 1929 un tal Adrien Harmand nos dice que «cuando se trataba de proteger los pies de la humedad del suelo, se añadía a las calzas provistas de suela unos zuecos o galochas con tiras de cuero».[1] (No son *calzas provistas de suela* lo que lleva el hombre, sino unos finos y preciosos botines de cuero negro: se necesita una lupa para verlos bien).

Zuecos y *chanclos*, las dos palabras designan de forma parecida esa variedad de calzado de exterior, más elegante que el zueco campesino. Aunque *chanclo* aparece a partir del siglo XVII, mientras que *zueco* es bastante más antigua.[*] Un verso de la *Ballade de merci* de Villon está dirigido a los «*musars et cliquepatins*», es decir a 'los curiosos y los que no tienen zapatos' también conocidos como *galochas*. Extendidos por todo el norte de Europa, nos recuerdan las frecuentes lluvias, los caminos embarrados, los charcos.

[*] *Chanclo*, 1693: «especie de sandalia de madera o suela gruesa que se sujeta debajo del calzado con tiras de cuero y sirve para preservarse de la humedad y del lodo, 1729», Joan Corominas, *Breve diccionario etimológico de la lengua castellana*, Madrid, Gredos, 1976.

Un rayo de luz, que proviene de una segunda ventana visible únicamente en el espejo, los ilumina vivamente (fig. 14). Imposible no verlos. Parece incluso que Van Eyck haya puesto especial empeño en que atraigan la mirada. Las puntas están casi pegadas, pero no se tocan. El ángulo que dibujan—parecido a la letra *r*—recuerda la cuña de los esquiadores principiantes: indica no ya el principio o el esbozo de un movimiento, sino su interrupción. En la suela del zueco derecho y en los talones hay pegado un poco de barro reciente, que es una muestra de la tierra fértil del exterior, de la gleba «empapada del rocío del cielo», nos confirma una vez más, por si fuera necesario, que el hombre pertenece al mundo terrenal. Los zuecos son viejos, han sido muy usados, pues tienen el talón desgastado.

Zuecos que su propietario ha dejado en el suelo encontramos a menudo, en el siglo XV, en la pintura de Europa del Norte: en la tabla central del *Tríptico Portinari* de Hugo Van der Goes, en un *San Marcos* de Gabriel Mälesskircher, en el *Nacimiento de la Virgen* del Maestro de la vida de María. Pero sin que se les atribuya valor simbólico alguno, a menos que se haya perdido su sentido. Al contrario, por ejemplo, que otras partes del atuendo, como el trozo de capa de san Martín, la dalmática de san Esteban o las armaduras de san Miguel o de san Jorge, los zuecos no son el atributo de ningún santo, como tampoco las sandalias, los chanclos, los zapatos, las botas y botines, las galochas, las chinelas, las pantuflas, las zapatillas y demás variedades de calzado.

La pista de los refranes y frases hechas parece igualmente vana: la consulta de viejos diccionarios no ha dado frutos, como tampoco el examen de la tabla conservada en Berlín con el título de *La capa azul*, en la que Brueghel el Viejo se divirtió ilustrando más de cien refranes flamencos.

Nos queda la Biblia, y el mandato divino hecho a Moisés para que se descalzara junto a la zarza ardiendo: «Quita las sandalias de tus pies, que el lugar en que estás es tierra santa» (Éxodo III, 5). De este versículo Erwin Panofsky—y después de él todos los partidarios de la tesis de un matrimonio celebrado en privado—han hecho uno de los puntos fuertes de su argumentación: el hombre y la mujer se han descalzado porque la habitación está consagrada por el rito nupcial que tiene lugar en ella (fig. 6).[2] Pero ahora ya sabemos a qué atenernos sobre la naturaleza del acontecimiento que ha reunido a este hombre y a esta sombra. ¿Esos zuecos no tienen nada más que decirnos?

Volvamos a la realidad. Antes de que la aparición la transforme en una representación simbólica del paraíso, lo que se ve a través de la ventana abierta en principio es sólo una parte del espacio que rodea la morada. Y lo poco que vislumbramos—el cerezo en primer lugar, pero también, reflejadas en el espejo, dos o tres casas a lo lejos con su minúsculo tejado rojo, algunos árboles o arbustos verdes al fondo—ese poco encierra numerosas pistas. Para empezar, la alcoba no se encuentra al mismo nivel del suelo, sino en el piso de arriba. Luego, nos encontramos en esa suave estación del año en que los cerezos dan su fruto. A finales de la primavera, o a principios del verano del año de gracia de 1434. Son cerezas grandes, de un rojo todavía muy claro, sin el menor matiz de amarillo: todavía no están maduras. ¿Finales de mayo? ¿Principios de junio? ¿Mediados de junio? Si el sol estuviera más bajo en el cielo daría a las naranjas que hay en el reborde de la ventana (fig. 15) y sobre el baúl una sombra menos tenue: estamos por tanto a mediodía—digamos que entre las diez y las dos—. Pero, a pesar de la hora y de la estación, la temperatura exterior es fresca, a menos que el hombre sea excesivamente friolero: pesada capa forrada, enorme sombrero negro, sin duda va bien abrigado.

Tan bien abrigado que parece que acaba de entrar en casa. Lo confirman las manchas frescas de barro húmedo en los zuecos, y tal vez esto sea lo que tienen que decirnos: que el hombre acaba de entrar en casa. Ha subido al piso de arriba, ha cruzado la puerta donde están ahora los dos personajes ataviados más ligeramente que él, uno de rojo y el otro de azul, y ha descendido los dos escalones que refleja el espejo. Ha dado un par de pasos por la alcoba vacía en la que arde esa vela curiosamente encendida en pleno día, y luego, con un ágil movimiento del tobillo, ha dejado caer los zuecos en el piso. Toc toc: el sonido sordo y seco de la madera contra la madera. Se encontraba entonces a la altura de la ventana de donde proviene el rayo de luz que los ilumina con una viva luz. Por su posición vemos que en el preciso instante en que se los quitaba, estaba de espaldas a la cama y frente a una silla de tijera (que vemos únicamente en el espejo, detrás del reflejo del baúl).[3] ¿Llamó a sus criados para que le ayudaran a quitarse el sombrero y la capa? ¿Iba a quitárselos él mismo y dejarlos sobre la silla de tijera? En cualquier caso no tuvo tiempo. En ese preciso instante tiene lugar la aparición y la habitación se transfigura en un campo de señales y de símbolos (fig. 16).

Eso es lo que nos dicen los zuecos, algo muy prosaico en resumidas cuentas, lo cual no tiene nada de extraño, puesto que se encuentran en la parte de la habitación que representa el mundo terrenal, y en él no hay símbolos, sólo cosas *reales*: un baúl de madera, tres naranjas encima del baúl, un rosario colgado de la pared, un par de zuecos viejos y usados, manchados de barro..., y un hombre presa del terror secreto de las pesadillas.

XI
MATERNIDAD

> No son los elementos los que determinan el conjunto, sino el conjunto el que determina los elementos.
>
> GEORGES PEREC

Empecemos por santa Margarita. *La leyenda dorada* cuenta que, durante el reinado del emperador Diocleciano, Margarita, virgen cristiana, rechazó las proposiciones de Olibrio, prefecto de Antioquía. Éste la mandó a la cárcel y la amenazó con hacer que la desollaran si no cedía. Como Margarita persistió en su rechazo, Olibrio hizo que la ataran a un poste y ordenó que la azotaran con varas y luego con garfios de hierro que desgarraron sus carnes. Mientras la sangre brotaba de su cuerpo «como de una fuente pura», Margarita repetía que el suplicio de su carne era la salvación de su alma y Olibrio ocultaba la cara detrás de su capa. Mandó que la desataran y que la llevaran de nuevo a la cárcel, y allí la esperaba el demonio con los rasgos de un espantoso dragón que se lanzó sobre ella y la devoró. Pero Margarita hizo la señal de la cruz y salió indemne del vientre del dragón. El demonio se le apareció una segunda vez bajo los rasgos de un joven de una belleza sin par: pero ella no tardó en descubrirlo. Al día siguiente Olibrio mandó que desnudaran a la santa y ordenó que la quemaran con teas y luego la metieran en una tinaja de aceite hirviendo. La tierra tembló, la tinaja se rompió y Margarita salió ilesa. Aquello lo presenciaron cinco mil hombres impresionados que se convirtieron inmediatamente y fueron en el acto condenados a muerte. Temiendo otros desórdenes Olibrio decidió que había llegado el momento de cortarle la cabeza. Antes de que se cumpliera la sentencia Margarita obtuvo permiso para decir una última oración y pidió que cuando una mujer preñada invocara su nombre el niño naciera sin más problemas que los que ella misma había tenido al salir del vientre del dragón.

Patrona venerada de las mujeres embarazadas antes de ser retirada del calendario de la Iglesia en 1969, a causa de la autenticidad más que dudosa de la leyenda, a Margarita de Antioquía se la representaba a menudo saliendo del vientre del dragón. En el cuadro de Van Eyck la vemos de pie, en oración, coronando el respaldo de la silla gótica cuyo reposabrazos adorna un leoncito. El dragón aparece echado a sus pies (fig. 17).

Santa Margarita es una alusión transparente a la maternidad, pero no es la única, sólo la más visible. Otros antes que yo han abordado este aspecto del cuadro, particularmente Pierre-Michel Bertrand, que ve en él un retrato de Van Eyck y su esposa a punto de dar a luz:[1] yo aquí no hago más que seguirlo.

Cuando Isabel de Portugal dejó su país para casarse con Felipe el Bueno, su dama de compañía hizo el viaje con ella. Convertida por matrimonio en condesa de Poitiers, dicha dama contó al final de su vida a su hija Aliénor los fastos y la etiqueta de la corte de Borgoña en tiempos del duque Felipe. Relato que Aliénor transcribió e hizo circular a finales del siglo XV, con el título de *Les Honneurs de la Cour* ['Los honores de la Corte']. Los consejos que se daban a las damas «para la gestación» (es decir, para el alumbramiento) ocupan varios capítulos. Lo curioso es que conciernen exclusivamente a la manera en que las parturientas deben amueblar la habitación, y uno tiene la impresión de que Aliénor de Poitiers tenía el cuadro ante la vista cuando escribió los dos capítulos titulados: «Cómo deben parir las condesas y otras grandes damas» y «Del parto y del bautizo entre las damas de menor rango».

En el caso de las condesas, escribe, el mobiliario de la habitación debe comprender:

> … una silla de respaldo alto junto a la cabecera de la cama [*une chaire à dos emprez le chevet du lict*], tapizada de terciopelo o de cualquier otra tela de seda, poco importa [*ne chault*] el color; pero el terciopelo es lo más adecuado. Y junto a la silla, habrá sitio para poner un pequeño banco sin reposabrazos [*sans appois*], cubierto por una manta [*banquier*], y algunos cojines [*quarreaux*] de seda o cualquier otra tela para sentarse cuando vienen a ver a la parturienta.[2]

En el caso de las princesas, prosigue Aliénor, y de las mujeres de alto rango, la habitación entera, antes del parto, debe estar «toda tapizada de alfombras de pelo hasta la puerta».[3] Y para las «mujeres de menor rango, damas nobles de buena cuna», basta «una alfombra delante de la cama, nada más».[4]

Pasemos de *Les Honneurs de la Cour* al cuadro. Junto a la cabecera de la cama, conforme a los consejos de Aliénor, la «silla con respaldo» es una silla gótica de respaldo alto tapizada de rojo: sin duda ese tipo de silla estaba reservada a la madre para dar el pecho. «Lo más cerca posible» de la silla, el escaño con su cobertor y sus cojines «para sentarse cuando alguien viene a ver a la parturienta». Y a los pies de la cama, la alfombra. Es cierto que el «aparador con la vajilla, jarras, frascos y gruesas copas»,[5] otro mueble de rigor, no está en la habitación, pero tampoco hay nada que sea específico del embarazo. Y también es cierto que «el pequeño banco» está provisto de reposabrazos (uno de los cuales está adornado con la figura del diablo), mientras que Aliénor lo prefería «sin brazos»; pero su posición «lo más cerca posible de la silla», la disposición de ese banco y de esa «silla» pegados a la cabecera de la cama, parecen por sí solos lo suficientemente emblemáticos como para persuadir al espectador de que la habitación ha sido dispuesta para un parto.

Tercer y último indicio, la vela (fig. 9). Esa única vela encendida en pleno día; y encendida, como vimos, por encima del hombre, mientras que encima de la mujer hay una vela consumida (esto en cuanto al significado simbólico). Pero ya ardía cuando el hombre entró en la habitación y continuará ardiendo cuando la aparición desaparezca. Erwin Panofsky ve en esta vela el cirio que se «prendía en casa de los recién esposados»:[6] Edwin Hall, una sana medida económica de ahorro pues la cera costaba cara;[7] Craig Harbison, un símbolo sexual;[8] Margaret Koster menciona la vela encendida en pleno día que sostiene José en la *Natividad* de Jacques Daret;[9] pero una vez más es Pierre-Michel Bertrand quien, apoyándose en el erudito Paul Lacroix, nos dice que «la costumbre era que, para protegerse de los males de la maternidad, las mujeres embarazadas encendían en su domicilio el cirio de santa Margarita».[10] Por mi parte, leo en una memoria universitaria que, en la hermosa provincia de Quebec, donde muchas costumbres han perdurado bastante más que entre nosotros, era habitual hasta los años treinta «encender una vela o una lamparilla» en la casa donde iba a tener lugar un parto.[11] ¿Estaría encendida la vela sin razón aparente? Podría ser un rito propiciatorio, un amuleto de la buena suerte.

Tres indicios, por tanto, de una maternidad próxima. No cabe duda de que un espectador del siglo XV, conocedor de tales tradiciones, veía en la estancia la habitación de una mujer embarazada, ni tampoco de que deducía que la mujer que se encontraba en ella, acompañada de su marido, el triste Hernoul-le-Fin, estaba embarazada. La postura lánguida, el vientre redondeado sobre el que descansa su mano izquierda, todo parece confirmar el diagnóstico. Y, como hemos visto, para ponerlo en duda hay que traer a colación otra obra de Van Eyck: la santa Catalina de Alejandría del pequeño tríptico portátil de Dresde pintado en 1437, que presenta la misma silueta que la aparecida, pero que, siendo como es virgen, no puede estar embarazada.

Aunque estos signos han engañado a algunos comentaristas, sus interpretaciones contienen algo de verdad, irónica y paradójicamente. Sin duda unas pocas personas conocían el secreto del cuadro (entre ellas Margarita de Austria, y su tan significativa «cerradura para cerrarlo»); pero a la mayoría, a los espectadores comunes y corrientes, al común de los mortales, el clérigo, el capellán, el inquisidor—quién sabe si hasta el príncipe—, ni se les pasaría por la mente el menor asomo de sospecha. Para todos ellos, el cuadro—cuyo sentido aclaran los dos versos de *El arte de amar*—representaría una picante fábula en las antípodas de la cruda realidad: la fábula de *Hernoul-le-Fin con su esposa*. ¿Cómo no iban a ver en el gentilhombre y la dama a un *cornudo* y su mujer adúltera? Todo invita a hacerlo: el título, los dos personajes tan distantes uno del otro, y hasta la vela encendida a santa Margarita, que se engalana en este contexto con adornos de doble sentido: ¿acaso no dicen los maridos burlados que «le deben una vela a san Hernoul»?[12] Ahí está la vela, encendida encima del hombre, señalando, iluminando su triste condición de cornudo—y el espectador, engañado pero contento, ríe a mandíbula batiente, pues en aquellos tiempos estas cosas daban mucha risa—. Promesas incumplidas, desgracias conyugales, embarazos en los que el marido no había tenido nada que ver (*«ne fit oncques l'ouvrage»*), matrimonios forzados: todo alimenta la farsa y el trampantojo. Tantos señuelos dispuestos por un maestro de la ilusión, tantas interpretaciones producto de una voluntad deliberada de confusión, pues en definitiva el comentarista no ha hecho más que seguir las pistas falsas que hábilmente fue dejando Van Eyck.

No hay ningún simbolismo oculto en la figura de santa Margarita, ni en la vela que le está dedicada, ni en el decorado de la habitación: se trata tan sólo de la representación de los ritos habituales en la Europa del Norte del primer tercio del siglo XV cuando se anunciaba un parto. La habitación es la alcoba de una mujer a punto de parir. Y para nosotros, que sabemos que la aparecida no puede estar embarazada, estos indicios nos permiten suponer que lo estuvo, y que ésa fue precisamente la causa de su muerte. Un último motivo parece corroborar esta hipótesis.

Suspendido mediante una fina cuerdecilla de un clavo en la pared junto a la figura de Margarita, un cepillo simboliza a primera vista las virtudes domésticas de los flamencos, la legendaria limpieza de sus casas. Pero la presencia de la aparición provoca aquí también un desdoblamiento del sentido: no importa la función que uno asigne a este objeto, no importa cómo se lo llame (escoba, escobilla, cepillo para el polvo, cepillo para la ropa), uno no puede evitar pensar *también* en el polvo, y del polvo a la muerte no hay más que un paso.

Una cosa al lado de la otra, por tanto, la santa patrona de las mujeres embarazadas y una evocación de nuestros «huesos convertidos en ceniza y polvo».* Si, como afirma Erwin Panofsky, no hay en el universo de Van Eyck «ningún residuo de objetividad sin significado ni de significado sin disfraz»[13] (especialmente, añadiría yo, en esta parte de la habitación en que la aparición hace acto de presencia), entonces la contigüidad de la figura femenina y de ese objeto indicaría que en la habitación hubo una mujer «a punto de parir» y que está muerta. Eclampsia, hemorragias, embolias de toda clase, placenta previa, ruptura uterina, hematoma retroplacentario, las causas no escasean, todas incurables en aquellos tiempos de espantosa mortalidad materna. Murió bruscamente, sin haber podido recibir los sacramentos ni hecho acto de contrición, y comparte en el purgatorio la suerte de todas las mujeres fallecidas durante el parto, que consiste en

* Verso del epitafio de François Villon, o *Balada de los ahorcados*.

permanecer allí durante un tiempo más o menos largo según la vida que hubiera llevado: un tiempo que sólo pueden acortar los sufragios de los vivos.

La tercera vela es minúscula. No la habría visto nunca si Lorne Campbell no hubiera mencionado su existencia.[14] Está situada, como la vela consumida, en el lado de la mujer, en la arandela más próxima a la pared. No es posible ver la mecha, sólo destaca, sobre el fondo ocre de la pared, un pequeño cono de cera blanca en el entramado que forman los brazos superpuestos del candelabro. No hay chorretones de cera en el cobre: jamás ha ardido porque nadie la encendió nunca. Esta velita representa a la madre y al niño muerto, al niño que murió antes incluso de nacer (fig. 9).

XII

LAS CHINELAS

> Una obra maestra también es comparable a un bulbo del que unos se limitan a quitar la piel que lo recubre mientras otros, menos numerosos, lo pelan capa a capa: en una palabra, una obra maestra es comparable a una cebolla.
>
> RAYMOND QUENEAU

Todos los detalles han hablado, todos al unísono: el pequeño grifón, el espejo, los medallones engastados en el marco, los candelabros, las tres velas, el león y el diablo de madera, los discos de vidrio soplado, el cerezo, la naranja en el reborde de la ventana, la cama vestida de rojo, el par de chinelas y el par de zuecos, santa Margarita, el cepillo para el polvo, el rosario, la alfombra, el escaño, la silla gótica de respaldo alto, todos nos han dicho algo, en ocasiones varias cosas a la vez, y todas ellas concuerdan entre sí. Sólo el baúl, el baúl de madera que hay bajo la ventana con tres naranjas encima, ha permanecido mudo. Pero el lugar que ocupa nos indica que sería inútil buscarle un sentido oculto: situado en la parte de la habitación donde, alrededor del hombre, se concentra la prosaica realidad de las cosas, no tiene más significado que su imperturbable materialidad de baúl. Lo mismo que los zuecos o el rosario (situados de forma parecida en el espacio destinado al hombre), lo mismo que las tres naranjas que lo resaltan y hacen del mueble el soporte de una magnífica naturaleza muerta, permanece y permanecerá obstinadamente concreto, como un mero baúl de madera insensible a la presencia de la aparecida que confiere a otros motivos del cuadro un marcado valor simbólico.

Pero la aparición es efímera. Si se disipase, los símbolos se disiparían con ella. Si se disipase no quedaría más que un hombre solo, de carne y hueso, en una habitación dispuesta para un parto. No obstante, sobre este punto, conviene ser prudentes. La mujer y su pequeño grifón bruselense, palpitantes de vida y sin embargo carentes de realidad carnal, nos han enseñado que la escena de la alcoba era engañosa, e ilusoria su apacible apariencia. Esos muebles, esas señales de una próxima maternidad, ¿estamos seguros de que no son de la misma pasta que el perrito y su dueña? A esta pregunta el espejo responde mediante una larga y fina línea roja bordeando por abajo la orla del marco, que se interrumpe a la izquierda y se confunde a la derecha con el reflejo de la cama. Esta línea roja es el reflejo de la tela que cubre el asiento y el dosel del escaño (o más bien, quizá, el reflejo de los cojines). El espejo nos dice que el escaño es tangible; que no es producto de una visión del hombre; que no es un efecto de su obsesión; que ese mueble, previsto «para sentarse cuando se va a ver a la parturienta», formaba parte del mobiliario en el momento en que surgió la aparición. Nos dice—y el cirio ofrecido a santa Margarita se hace eco—que definitivamente nos encontramos en la alcoba de una mujer a punto de parir. ¿Cómo explicar todo esto?

Volvamos ahora la mirada a las chinelas, esas delicadas zapatillas rojas cuya dimensión simbólica nos ha hecho tan conmovedoras, una apuntando hacia el purgatorio, y la otra hacia el paraíso. ¿La aparición se las ha quitado y dejado junto al escaño antes de aparecerse a su esposo? No, claro que no. Uno no vuelve del purgatorio

Fig. 1

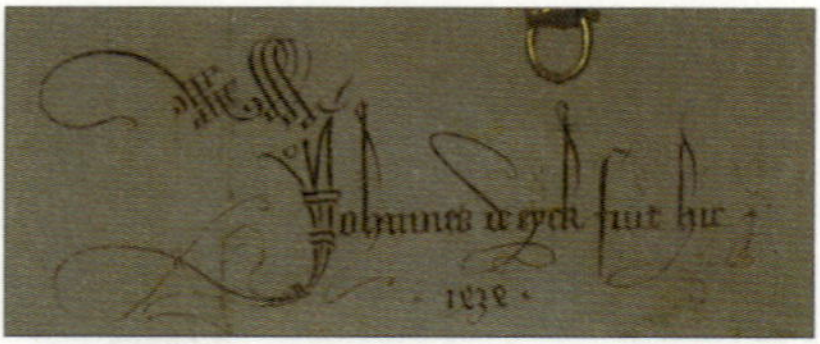

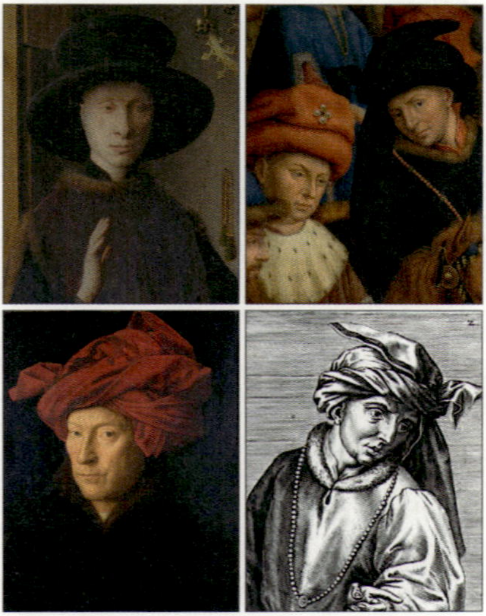

Fig. 2 Los tres rostros en los que ha creído reconocerse a Jan van Eyck. Arriba a la izquierda: el hombre de *El matrimonio Arnolfini*. Arriba a la derecha: el caballero vestido de negro de la tabla de *Los jueces justos* (Hubert y Jan van Eyck, *Adoración del Cordero Místico*, 1432). Abajo a la izquierda; Jan van Eyck, *Retrato de un hombre con turbante rojo* (1433). Abajo a la derecha: los rasgos del caballero vestido de negro de *Los jueces justos* se han convertido, en el siglo XVI, en el supuesto retrato de Jan (grabado de Dominicus Lampsonius, *Jan van Eyck, pintor*, 1572).

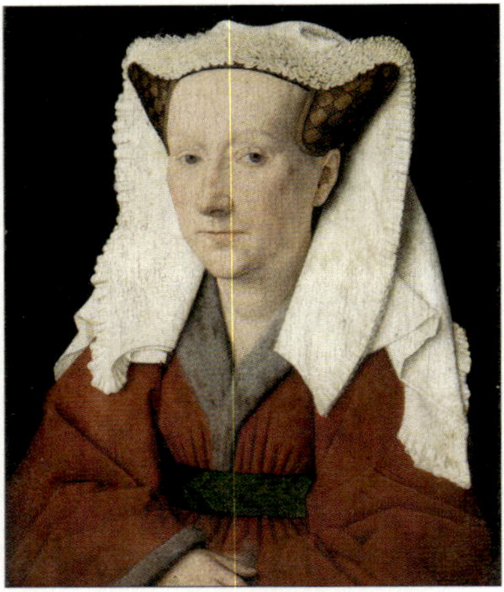

Fig. 3 Jan van Eyck, *Retrato de Margaret van Eyck* (1439).

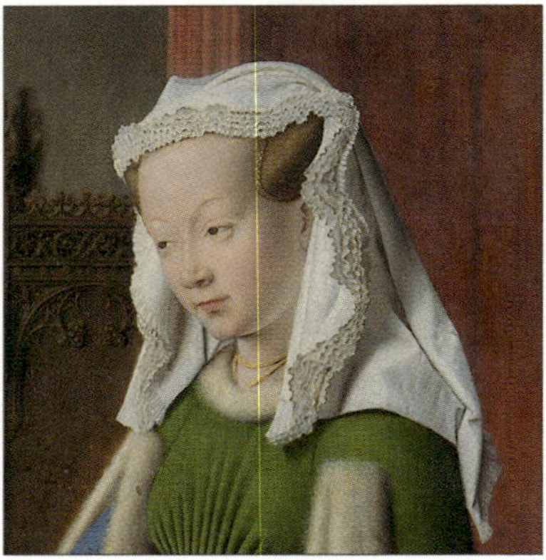

Fig. 4 La mujer de *El matrimonio Arnolfini*.

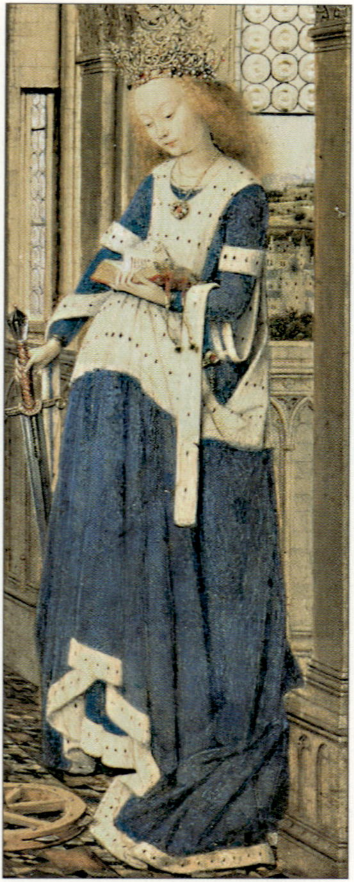

Fig. 5 Jan van Eyck, *Tríptico portátil de Dresde* (1437), detalle de la tabla de la derecha, *Catalina de Alejandría*.

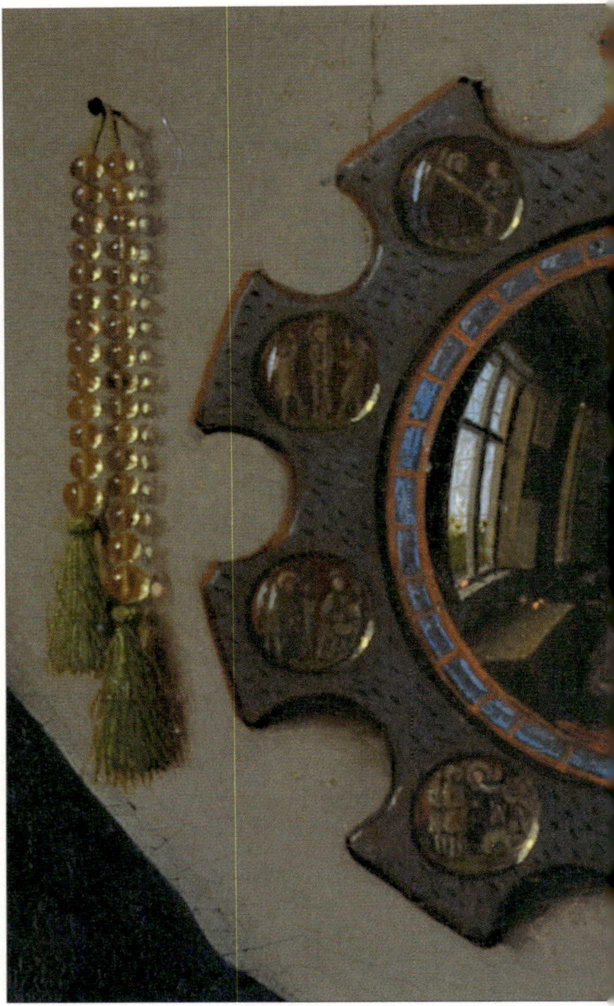

Fig. 6

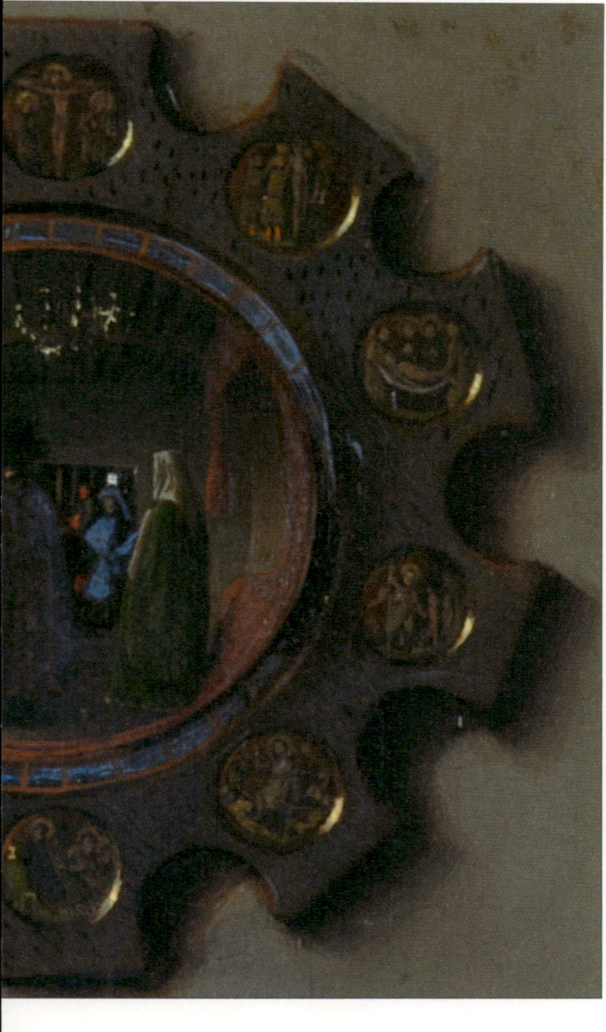

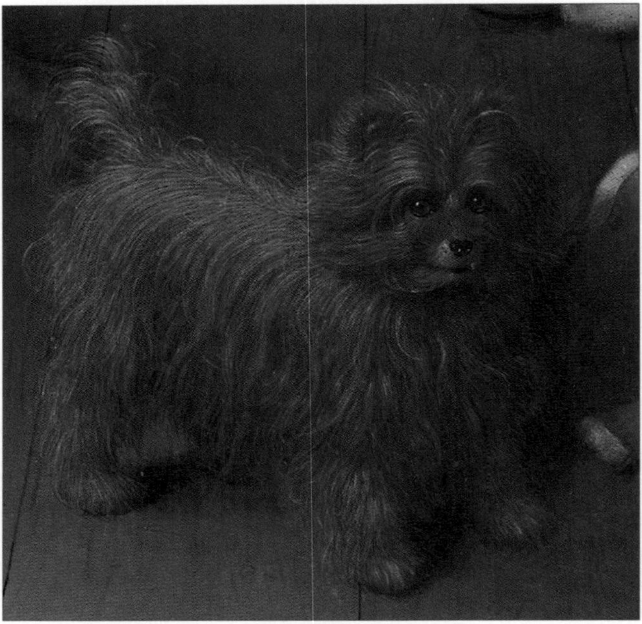

Fig. 7

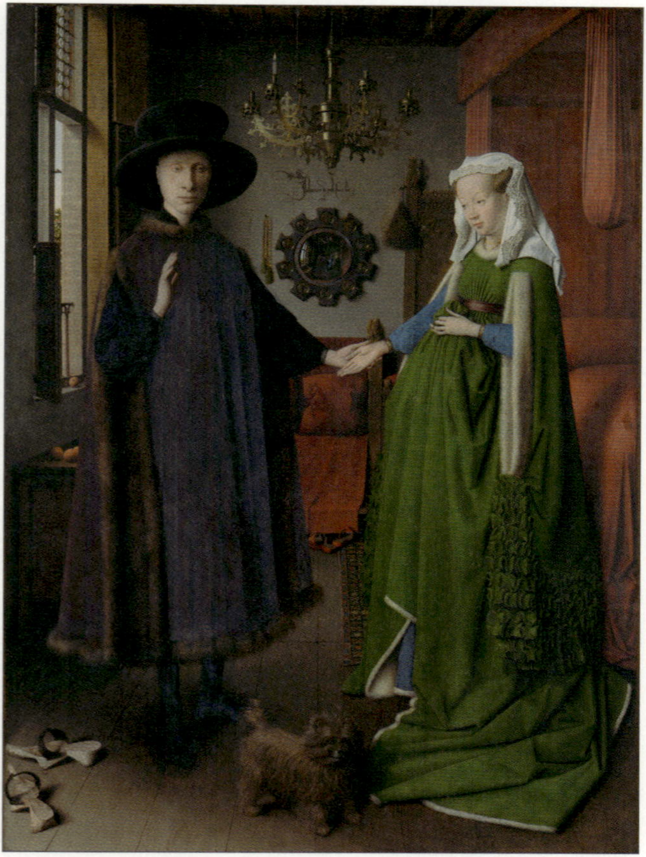

Fig. 8

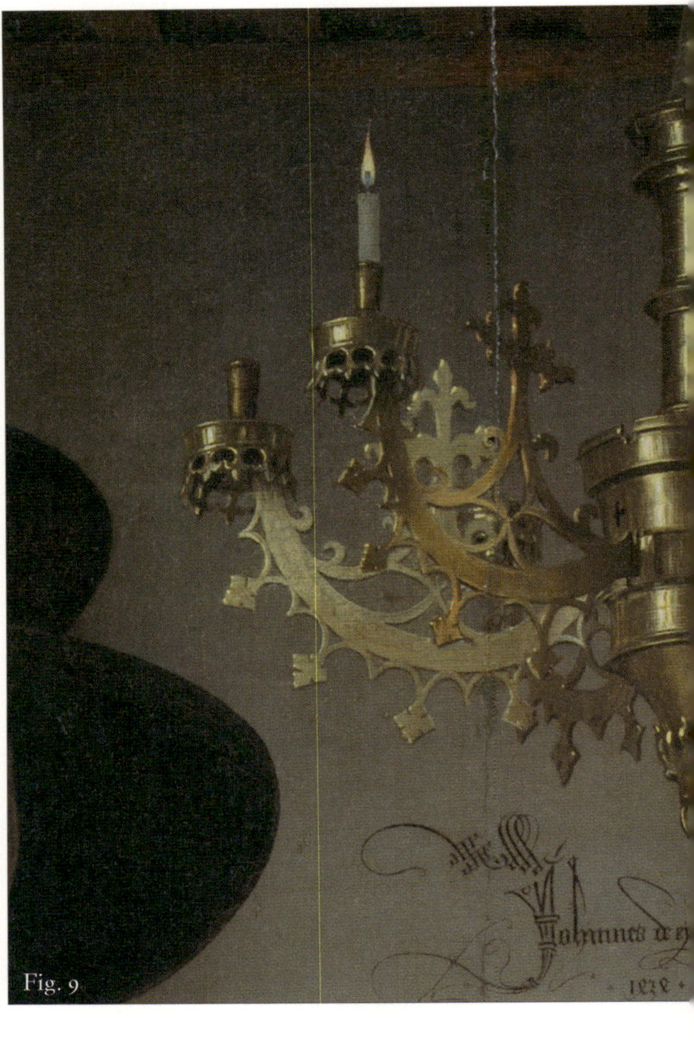

Fig. 9

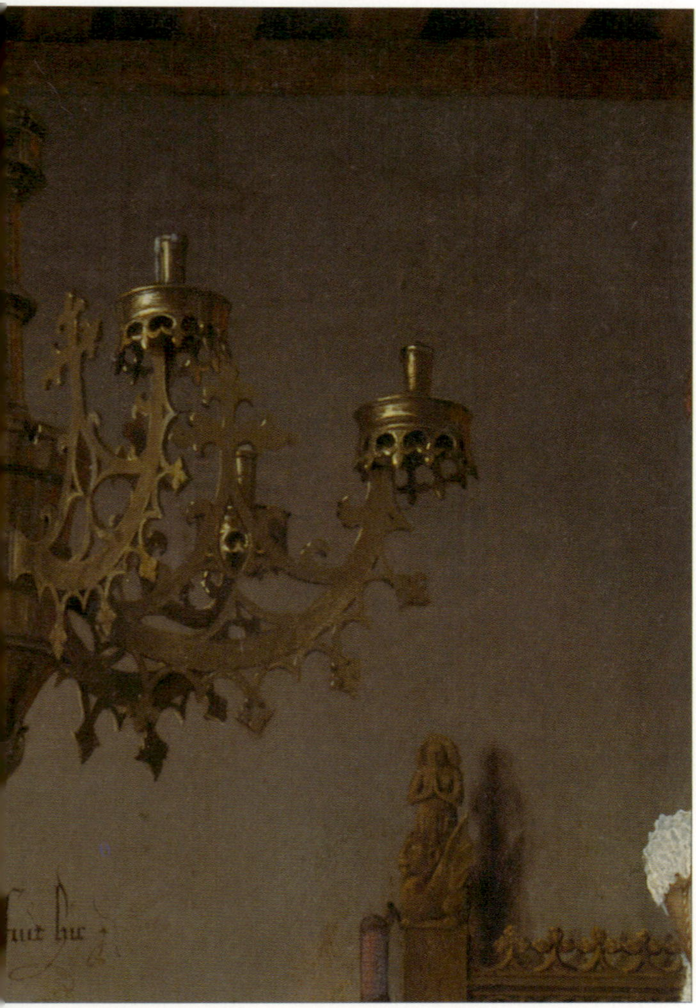

Fig. 10

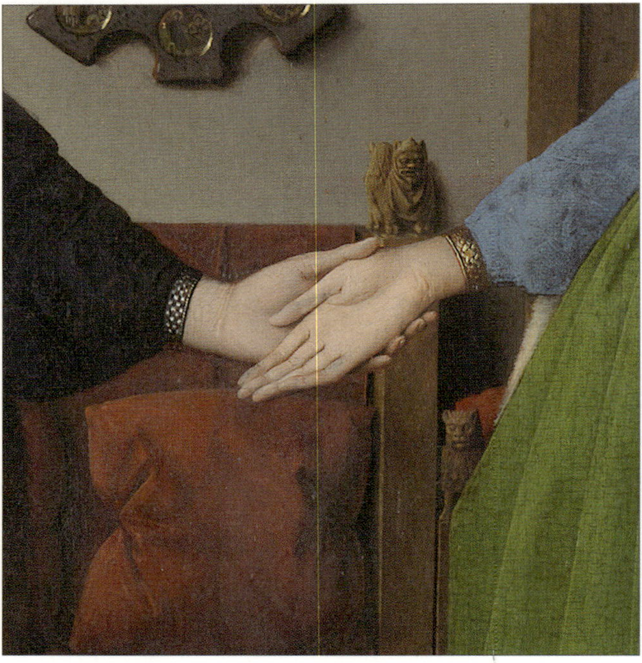

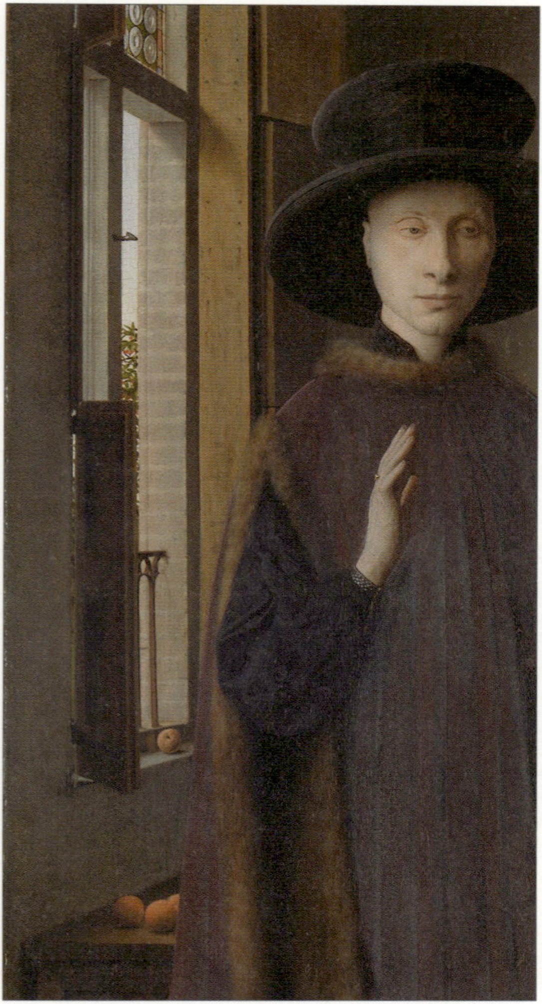

Fig. 11

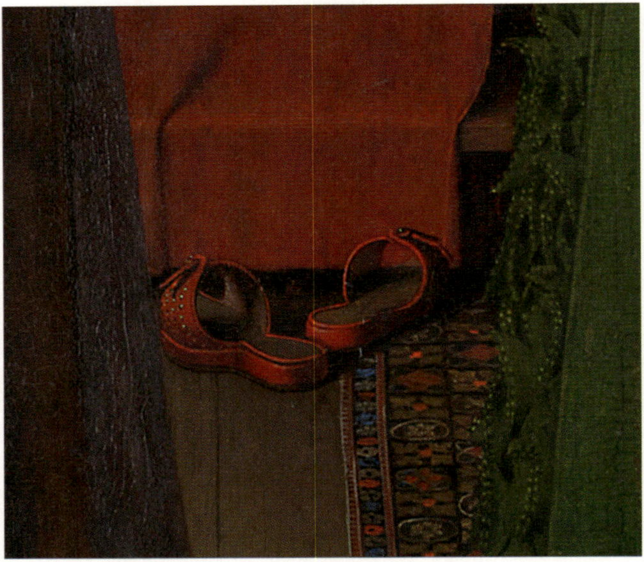

Fig. 12

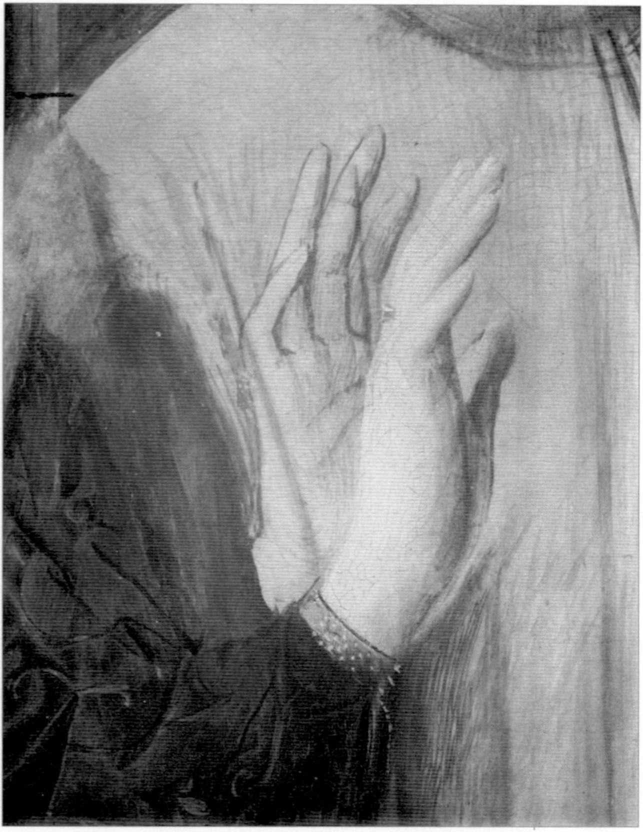

Fig. 13 Jan van Eyck, *El matrimonio Arnolfini*, reflectograma infrarrojo, detalle.

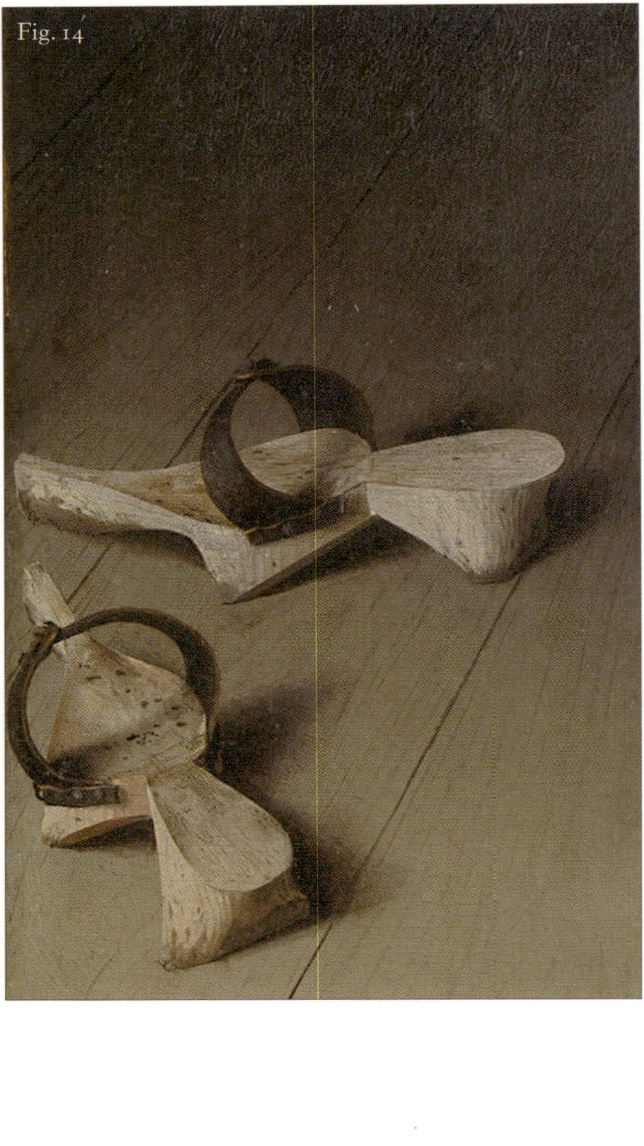

Fig. 14

Fig. 15

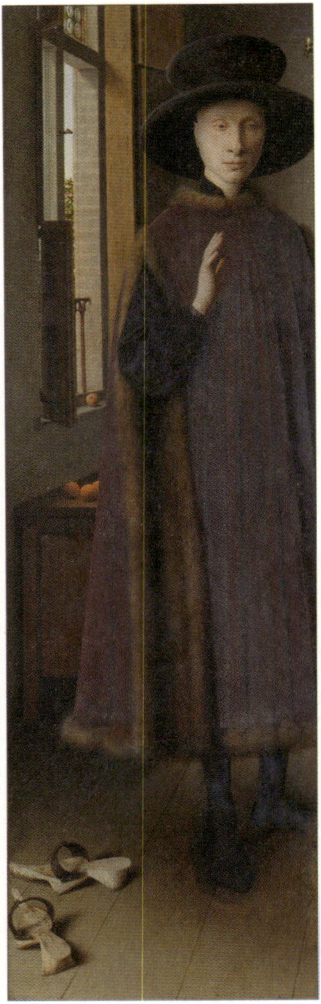

Fig. 16

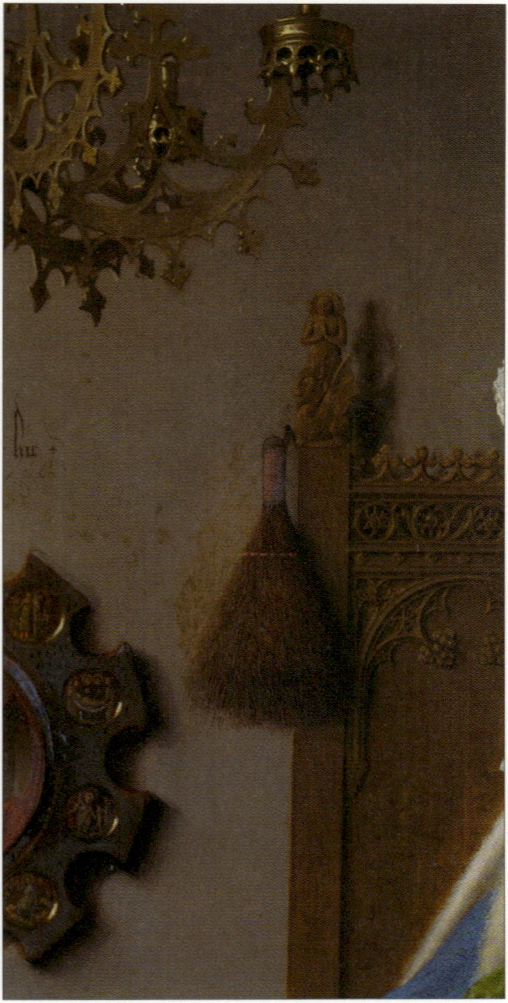

Fig. 17

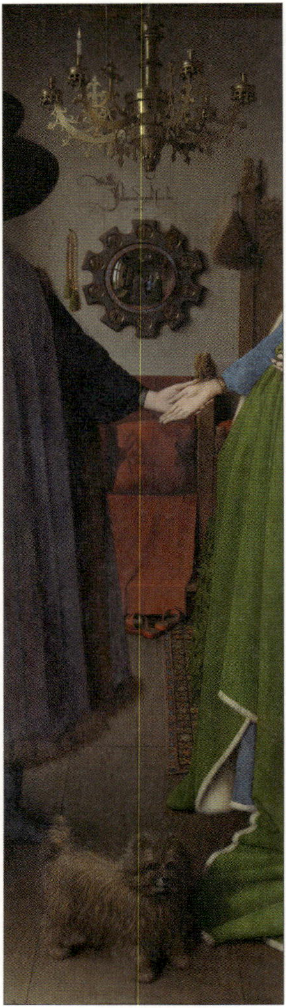

Fig. 18

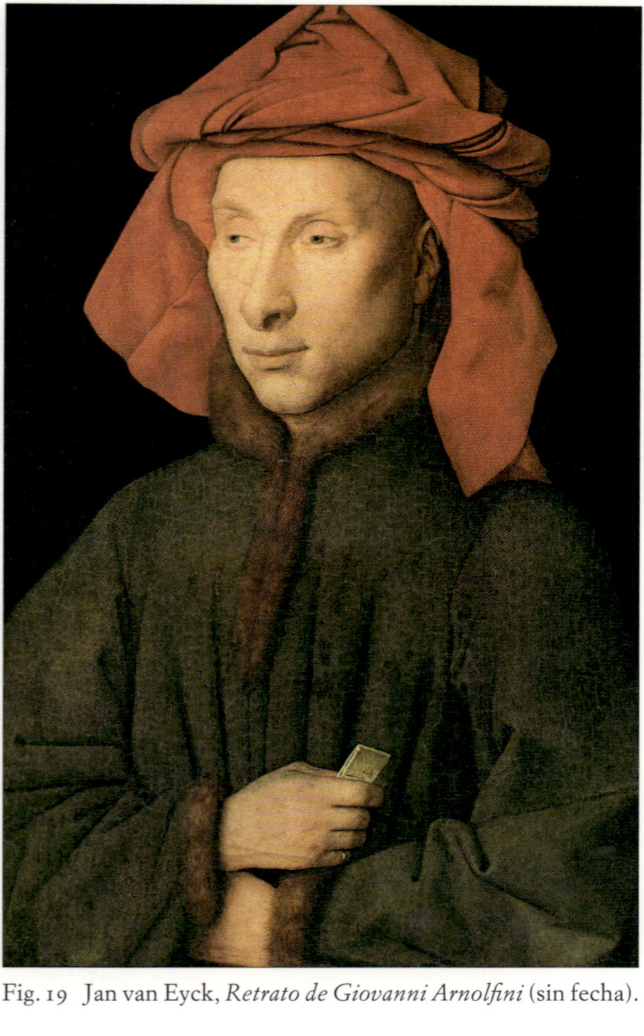

Fig. 19 Jan van Eyck, *Retrato de Giovanni Arnolfini* (sin fecha).

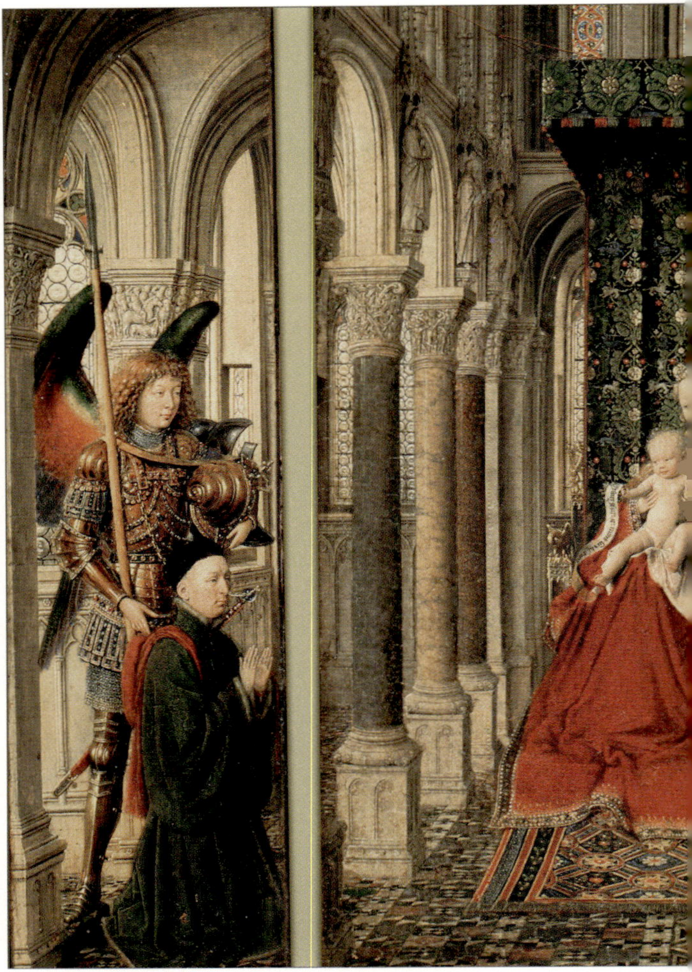

Fig. 20 Jan van Eyck, *Tríptico portátil de Dresde* (1437).

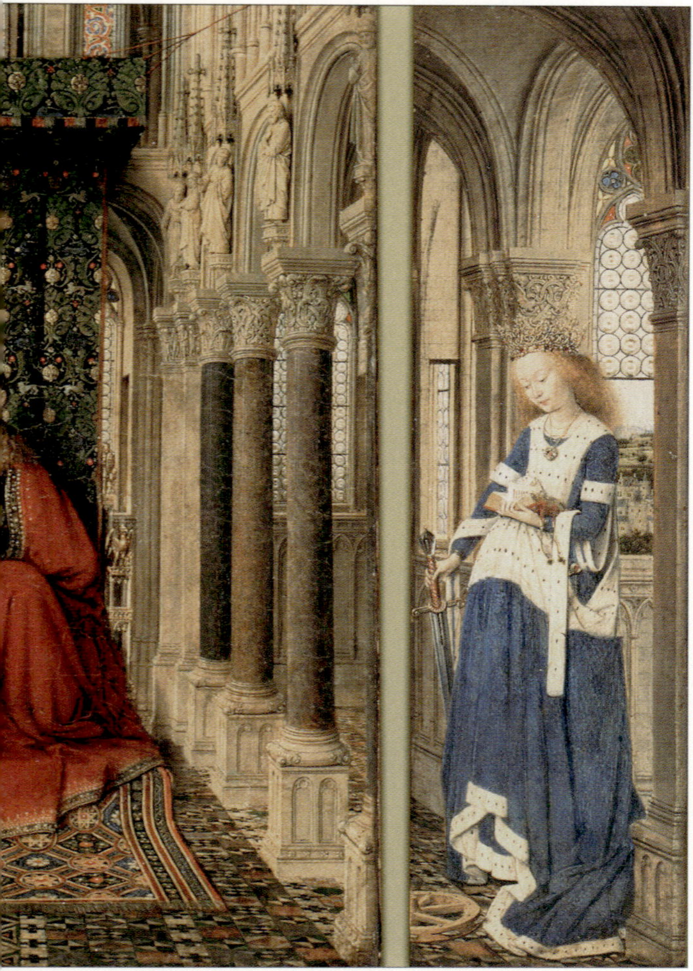

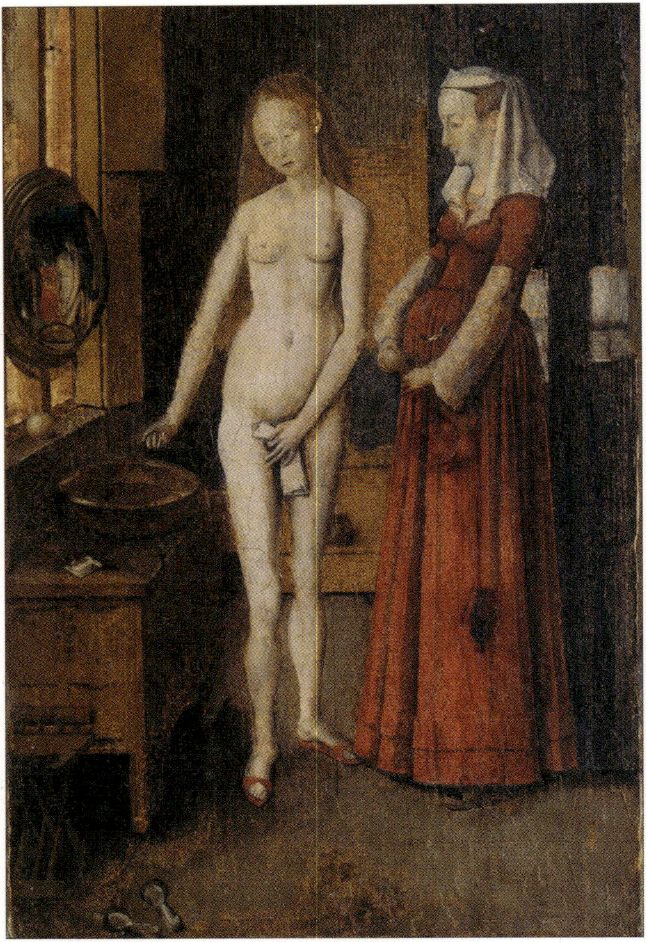

Fig. 21 Copia de principios del siglo XVI de *Mujer en el baño* según Jan van Eyck.

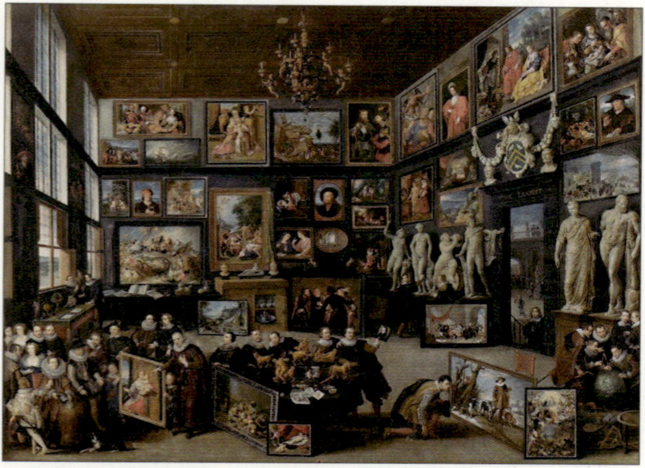

Fig. 22 Guillaume van Haecht, *El gabinete de Cornelis van der Geest durante la visita de los archiduques Alberto e Isabel acompañados por Rubens* (1628).

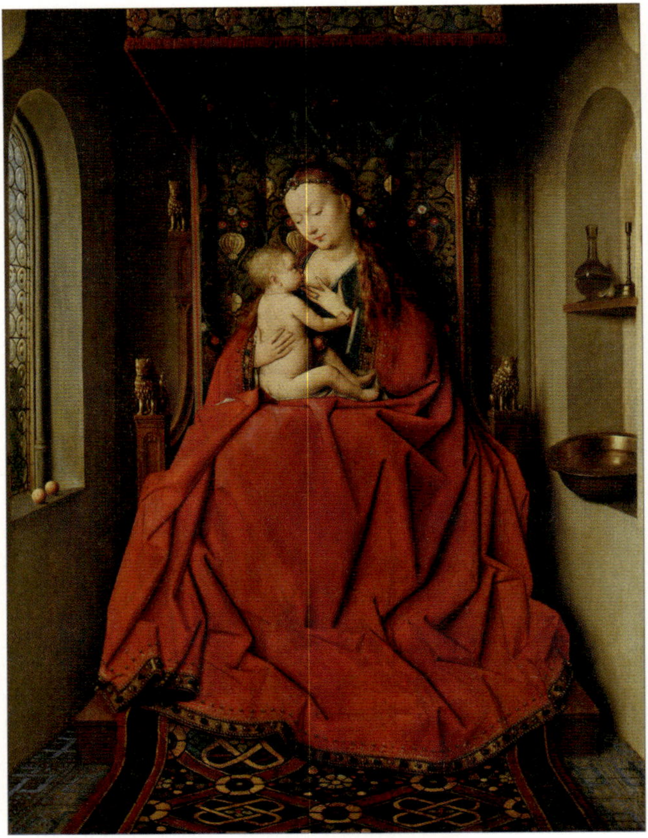

Fig. 23 Jan van Eyck, *La Virgen de Lucca* (*c.* 1435).

en zapatillas, ni las deja en el suelo con tanto cuidado antes de manifestarse. Las chinelas estaban ahí antes y seguirán estando ahí después. ¿Las ha dejado ahí el hombre, ha dejado toda la habitación tal y como estaba desde la muerte de su mujer? Es una hipótesis. Hay estancias en las que la vida se congela, en las que nada cambiará jamás después de la desaparición de uno de sus ocupantes. Obsesión por la memoria, culto a la amada desaparecida, el esposo habría dejado todo como estaba, encendido una vela todos los días a santa Margarita y conservado como preciosas reliquias las pequeñas chinelas de la muerta en la habitación en la que exhaló su último suspiro.

Es una hipótesis. Pero esas chinelas rojas también sugieren otra, basada en una de esas sutiles oscilaciones entre lo real y lo simbólico de las que el cuadro es tan pródigo. La punta de la v que forman coincide exactamente, como hemos visto, con la mediana vertical que pasa por el eje del candelabro dividiendo el cuadro en dos *mundos*, de manera que la chinela de la izquierda está en el mundo de los vivos y la de la derecha en el mundo de los muertos. Es curioso. Porque esta mujer está muerta y todo lo que hemos descubierto sobre ella no habla más que de muerte. De muerte, no de vida. Un pie en la vida, un pie en la muerte, ¿qué quiere decir esto cuando uno está muerto? Nada en absoluto. O más bien quiere decir dos cosas a la vez, aunque contradictorias, irreductibles una a la otra.

Sigamos mirando. ¿Por qué la chinela izquierda se encuentra en esta mitad del cuadro donde están el baúl de madera, los zuecos y el hombre? ¿Qué significa la presencia tenaz de ese único detalle femenino en el mundo *terrenal* y *vivo* del hombre? Dicho de otro modo: ¿esta chinela, el pie de quién calza? Y mira por dónde basta con plantear la cuestión para que la contradicción que parecía insoluble se resuelva por sí misma, a medida que va tomando forma ante nuestros ojos la última pieza del puzle: una figura secreta, ausente del cuadro y sin embargo muy presente; la figura de otra mujer, una mujer viva, a punto de parir, una mujer que habita en esta casa.

Las chinelas, y con ellas la decoración de la habitación, nos hablarían simultáneamente de la esposa que vuelve de entre los muertos y de una mujer a punto de dar a luz. Las chinelas pertenecerían a esta última mujer, y su posición en el espacio simbólico del cuadro evocaría el futuro incierto de la muerta en el más allá. Pero la habitación habría sido preparada para la mujer viva, y en ella, tal y como está dispuesta ahora, habría muerto tiempo atrás la primera esposa.

Dos mujeres: dos esposas. La primera vestida de blanco, verde y azul, la segunda evocada únicamente por sus chinelas y por el mobiliario de la habitación. La primera está muerta y enterrada, la segunda está viva. La primera no puede estar más presente, la segunda no puede estar más ausente. En esta habitación una mujer, tiempo ha, murió durante el parto. En esta habitación otra mujer, en breve, va a dar a luz (¿es alguna de las dos figuras, de rojo y azul, que se reflejan al fondo del espejo? Imposible adivinar por su silueta o sus vestidos el sexo de esas dos minúsculas figuras). Entre esas dos mujeres, el hombre. Ha entrado solo en la habitación preparada «para el parto», acaba de deshacerse de sus zuecos, se dispone a quitarse la capa y el sombrero, y entonces surge la aparición del reino de los muertos.

¿Es casualidad si viene a rondarle en este lugar y en este momento concreto de su existencia? El cirio ritual encendido, los muebles en su sitio, conforme a la tradición, sin duda bastan para revivir el recuerdo de la muerta, para producir un choque, un trastorno emocional capaz de provocar una aparición. Y así es: la difunta se le aparece. Tocada con la cofia blanca de las desposadas, enarbolando los colores del amor y de la fidelidad, acompañada de su perrito, símbolo del amor conyugal, se acerca a él majestuosamente para arrancarle un juramento.

Dos caminos por tanto. Dos direcciones diferentes. Dos hipótesis. A riesgo de equivocarme elijo la de la mujer oculta en el cuadro. La elijo porque va más allá que la de la reivindicación de la memoria. La elijo porque da a la exégesis una coherencia que no deja nada sin resolver ni sin explicar. Y la elijo finalmente porque descansa en el doble sentido, y el doble sentido es el motor del cuadro, lo que le confiere su maravillosa y paradójica unidad. Doble sentido, la frase enigmática caligrafiada encima del espejo: «*Johannes de Eyck fuit hic*». Doble sentido, la verdad oficial y la verdad secreta de esta pareja «tocando la mano uno al otro». Doble sentido el dístico de *El arte de amar*. Doble sentido también, la oscilación pendular de tantos detalles entre símbolo y realidad. Miro la vela encendida encima del hombre: veo en ella la señal de que está vivo, pero esa vela es a la vez un cirio ofrecido a santa Margarita. Miro el cepillo del polvo: veo en él el polvo de «nuestros huesos convertidos en cenizas y polvo», pero a la vez es un utensilio que nos habla de la limpieza del hogar. Miro la velita que no ha sido encendida jamás: veo en ella al niño muerto antes incluso de haber nacido, pero es también la vela que se encenderá en honor del recién nacido cuando la segunda esposa haya dado a luz (fig. 18).

Y ahora doy algunos pasos hacia atrás. Miro desde un poco más lejos. Las siluetas del hombre y de la mujer forman una M mayúscula; el espejo una O; los zuecos, la letra *r*. Y finalmente, en el mismo plano que la *r*, el zigzag de blancura deslumbrante que traza el reborde de la sobreveste de la mujer: exactamente la ζ, la zeta del alfabeto griego.

Morz. La muerte en francés antiguo. Esta palabra—precisamente ésta—escrita con todas sus letras en un cuadro que no habla de otra cosa. ¿Espejismo? ¿Coincidencia? ¿Ilusión? ¿*Explicit* del cuadro? No lo sé. O mejor dicho, sé que podemos ver en una nube un caballo, una rana, un ejército.

Luego vuelvo a mirar por última vez las dos pequeñas chinelas rojas que forman la letra v, y mi imaginación ve la v de *Vita*.

La vida: la vida anunciada del niño que va a nacer.

XIII
«JOHANNES DE EYCK FUIT HIC»

Y lo que de ahora en adelante ocurra
ya no me concierne a mí sino a otro.

ROBERT L. STEVENSON

¿Qué hombre tuvo la osadía de encargar un cuadro que, con la excusa de la leyenda de *Hernoul-le-Fin*, formulara verdades tan secretas, tan íntimas, tan peligrosas? ¿Quién aceptaría encarnar por toda la eternidad la triste figura de *Hernoul-le-Fin*? ¿Acaso ese rostro es una máscara? ¿Un último señuelo después de tantos otros? Así es, por supuesto: no podría ser de otro modo. ¿Quién, en aquellos tiempos, hubiera sido tan imprudente—tan loco—como para dejarse ver a cara descubierta en compañía de su primera esposa difunta volviendo de entre los muertos? ¿Qué hombre, casado por segunda vez para colmo, y a punto de ser padre, habría osado cometer semejante sacrilegio? Quienquiera que fuese ese hombre, Van Eyck tenía que hacerlo irreconocible: la silueta, el rostro, son una máscara totalmente inventada. Esto, por supuesto, si admitimos que el cuadro tiene el valor de una confesión, que es algo así como el *Diario de una aparición*.

Pero también podría ser que estuviéramos frente a una ficción pictórica. Nada, absolutamente nada de lo que precede se opone a esta interpretación. ¿Qué clase de ficción? Las hipótesis no escasean: la ilustración de una farsa macabra con tres personajes (*Hernoul-le-Fin, su mujer y la aparecida*); un enigma; un cuadro encargado para invocar a los muertos o a los demonios durante la celebración de ceremonias clandestinas; una misión secreta confiada por el duque a su queridísimo «pintor y ayuda de cámara», etcétera. La lista podría alargarse bastante más.

¿Documento o ficción? Desgraciadamente nos faltan demasiados elementos para poder decidir, empezando por la identidad del patrocinador. Todo lo que sabemos es que don Diego de Guevara regaló el cuadro a Margarita de Austria antes de 1516. ¿Cómo había llegado a su poder? ¿Dónde estaba antes? ¿En qué ocasión y *quién* lo había pintado? Es un misterio, un persistente e impenetrable misterio ¡cuya solución nos permitiría despejar tantas dudas! No obstante podemos avanzar un poco más, pero a partir de aquí caminamos sobre arenas movedizas.

Íntima, inexplicablemente, el cuadro se relaciona con otras tres obras de Van Eyck. En una sala de la Gemäldegalerie de Berlín, volvemos a encontrar al hombre (esa máscara, ese *incognito*). Se trata de una pequeña tabla de roble de 29 centímetros por 20, sin firma ni fecha. El marco original ha desaparecido (fig. 19). Elisabeth Dhanens, pese a subrayar que la factura está menos cuidada que la de los otros cuadros conocidos de Jan y los colores son menos densos, se lo atribuye sin vacilar.[1] Lorne Campbell nos descubre que está hecho de la misma madera que el retrato de Baudouin de Lannoy, también atribuido a Van Eyck.[2] Erwin Panofsky ve en la tabla el más conseguido de sus retratos masculinos y le entusiasma la manera en que han sido tratadas las manos: «Su pequeñez extraordinaria combinada con el hecho de que la mano izquierda está parcialmente escondida bajo la manga derecha, evita que formen un segundo foco de luz e interés psicológico».[3]

El hombre parece algo mayor que en nuestro cuadro. Lleva un traje verde oscuro, forrado y ribeteado de marta cibelina, y un extravagante turbante rojo cuyos pliegues, que caen a ambos lados, dejan ver la oreja izquierda. En la mano derecha sostiene un papel doblado donde hay escritas algunas palabras ilegibles. Del estado de su mano izquierda, deformada por las quemaduras, no sabemos nada. Sus labios esbozan una vaga sonrisa. Tiene una mirada menos ausente: pícara, cautelosa. «Os la he jugado», parece decir esa mirada.

El segundo cuadro lo conocemos bastante bien: se trata del pequeño tríptico portátil de Dresde pintado en 1437 (fig. 20). Curiosamente, nadie parece haberse dado cuenta de que Van Eyck dio las mismas facciones a santa Catalina de Alejandría y a la aparecida: la misma silueta falsamente embarazada, como hemos visto, pero sobre todo, el mismo rostro pintado de tres cuartos. El pudor virginal de Catalina hace que baje la vista mientras la aparecida no aparta la suya de la mano levantada del esposo, su cabeza está también algo más inclinada hacia el suelo, pero nada más diferencia a las dos mujeres. La forma de las facciones, la nariz, la boca, la curva de las cejas, el hoyuelo en el mentón, la redondez de las mejillas, las sienes, los pómulos, todo coincide. A la misma escala, las facciones calcadas de Catalina se superponen exactamente a las de la aparecida. Catalina de Alejandría y la aparecida son la misma mujer (figs. 4 y 5).

Si el cuadro, como recordaba hace un momento, es una ficción pictórica, es posible que Van Eyck haya recurrido a la misma modelo para pintar a las dos mujeres. Pero las une algo más que su parecido: ambas lucen sobre el pecho la misma cadena de oro y la llevan de la misma forma, con dos vueltas alrededor del cuello. La cadena sostiene un colgante, oculto en el cuadro por el vestido de la aparecida, pero visible en Catalina de Alejandría: cuatro perlas engarzadas en un delicado motivo de oro en forma de cuadrifolio, en cuyo centro hay un fragmento de coral rojo para combatir el mal de ojo. ¿Habría querido insinuar Jan, con este ínfimo detalle, que no sólo recurrió a la misma *modelo* para representar a la aparecida y a la santa, sino que pintó a la misma *mujer*? Esta hipótesis nos llevaría directamente a otra sobre el nombre de la aparecida:

Catalina. Pero no son más que hipótesis, prácticamente sin ningún fundamento.

El tercer cuadro, *Mujer en el baño*, nos muestra de nuevo la habitación, o al menos una habitación que se parece extrañamente a la del cuadro, con la única diferencia de que no ha sido dispuesta para un parto. El punto de vista es el mismo, el encuadre más cerrado, la cama vestida, pero no roja, sino de un azul muy oscuro. El escaño y sus cojines rojos han desaparecido, lo mismo que el candelabro suspendido del techo, la alfombra, el rosario y el cepillo del polvo: no obstante, las dos habitaciones se parecen bastante más de lo que difieren. Sobre el baúl, que ya conocemos, hay una jofaina. En primer plano delante del baúl volvemos a encontrar la silla plegable que, en el cuadro, sólo era visible en el espejo, esa silla sobre la cual el hombre se disponía sin duda a dejar su capa y su sombrero cuando surgió la aparición. En el reborde de la ventana, parecida a la del cuadro, hay una manzana. La silla gótica de respaldo alto ha cambiado de lugar: sigue estando al fondo de la habitación, pero a nuestra izquierda. La parte superior de su remate derecho está adornada con una figurita que hace juego con la de santa Margarita, pero que es imposible identificar. El remate izquierdo, el que sirve de soporte a santa Margarita en el cuadro, está oculto por la mujer en el baño, de pie a la altura de la ventana, de frente y completamente desnuda (fig. 21).

Está escurriendo una esponja en la jofaina. Un paño blanco doblado que sostiene en la mano izquierda disimula su pubis. Está mirando la jofaina. Sus largos cabellos claros le caen sobre los hombros. Sus pies calzan unas delicadas chinelas rojas. Podríamos decir que las chinelas son una exacta réplica de las del cuadro. Vuelta hacia ella, junto a la cama, otra mujer la está mirando. Demasiado bien vestida para ser tan sólo una doncella, tiene en las manos un frasco y lo que parece una fruta, o una pera de lavado. Lleva un largo vestido rojo, un tocado con cuernos y la cofia blanca de las desposadas.

Colgado de un gancho de la ventana, un espejo convexo de buen tamaño refleja a las dos mujeres, asegurándonos, por si pudiera sernos de utilidad, que están vivas. A diferencia del espejo de *Hernoul-le-Fin*, el marco carece de medallones. En un primer plano, a la izquierda, un par de zuecos dejados en el suelo forman la letra v. También estos zuecos, al parecer, son una exacta réplica de los del cuadro. Asimismo, en primer plano, en el centro, acostado en el suelo, un animal nos mira. Parece un gato o un perrito.

Si no puedo pronunciarme sobre la naturaleza de este animal, es porque el original de *Mujer en el baño* ha desaparecido, y las dos copias de que disponemos tienen muy poca calidad. La primera está en Cambridge (Massachusetts), en el museo de la Universidad de Harvard; mide 27 centímetros por 16, y se encuentra en muy mal estado. La segunda podemos verla en la Rubenshuis de Amberes: ocupa unos diez centímetros por ocho de un óleo sobre tabla que pintó Willem Van Haecht en 1628: *El gabinete de Cornelis Van der Geest durante la visita de los archiduques Alberto e Isabel acompañados por Rubens*. En él Van Haecht reprodujo—con la suficiente fidelidad como para que podamos identificar los cuadros, pero no lo bastante como para que sea posible estudiarlos detalladamente—cuarenta y tres obras de la colección Van der Geest colgadas de las paredes de una vasta sala. Es posible reconocer a Metsys, a Brueghel el Viejo, a Rubens, a Durero, y el cuadro perdido de Van Eyck, que debía de tener aproximadamente las mismas dimensiones que el que nos ocupa aquí (fig. 22).

Mujer en el baño—cuadro, dicho sea de paso, de una modernidad asombrosa—se menciona por última vez en 1668 en el catálogo de subastas de la colección Pieter Stevens, quien lo había adquirido a la muerte de Cornelis Van der Geest.[4] Después de esta fecha, se perdió su pista.

Y así se va tejiendo en torno al cuadro una complicada y misteriosa red, una especie de juego de pistas del que no encontramos equivalente en la obra de ningún pintor de aquel tiempo. Los numerosos detalles que comparten el cuadro de Londres y la *Mujer en el baño* parecen indicar un relato, una continuidad entre las dos obras. Pero el estado de las dos copias de *Mujer en el baño* no permite ir más lejos. Imposible identificar a las protagonistas con tal o cual mujer pintada por Van Eyck. Imposible asegurar que la habitación de nuestro cuadro y la de la *Mujer en el baño* sean una sola y misma habitación. Imposible afirmar que las chinelas y los zuecos de Londres son los mismos que las chinelas y los zuecos de Cambridge o de Amberes, y es una lástima. Pero a pesar de todo podemos continuar avanzando. Una información y un hecho van a ayudarnos.

La información es sutil e inverificable; el hecho, históricamente comprobado. Primero la información: en 1668 el catálogo de subasta de la colección Pieter Stevens describe *Mujer en el baño* como un cuadro de Jan van Eyck, en el que habría pintado a su esposa, «desnuda y vestida».[5] Su esposa, es decir Margaret.

Y ahora el hecho: aproximadamente por la época de la escena secreta que el cuadro nos muestra y nos oculta tan bien, en el mes de junio de 1434, tuvo lugar el «bautizo» del primer hijo de Jan y Margaret van Eyck. De este niño lo ignoramos todo: el sexo, el nombre, la fecha de nacimiento. Se suele decir, y hay razones para pensarlo, que Jan reprodujo en la *Virgen de Lucca* las facciones de Margaret amamantando a su hijo (fig. 23).[6]

Sin duda había venido al mundo pocos días antes de ser bautizado: en la época esta ceremonia tenía lugar muy pronto, a fin de que, en caso de muerte prematura, el alma del recién nacido pudiese ascender al cielo y no tuviese que descender al limbo. El duque Felipe fue el padrino del niño. En su nombre, un tal señor de Chargny sostuvo al niño sobre la pila bautismal y donó a la iglesia seis tazas de plata. Sabemos todo esto por un documento contable fechado el «último día de junio del año treinta y cuatro»:

A Jehan Peutin, orfebre, residente en Brujas, la suma de noventa y seis libras doce sueldos, del precio de cuarenta gruesas, moneda de Flandes, le entrega, obligado por la venta y entrega de seis tazas de plata pesando juntas doce marcos, por valor de ocho libras y un sueldo el marco, las cuales Monseñor le hizo tomar y comprar para dárselas y presentar en el bautismo del niño Johannes van Eyck, su pintor y ayuda de cámara [el hijo de Johannes van Eyck, su pintor y ayuda de cámara], al cual el señor de Chargny ha sostenido en la pila bautismal, en su nombre.[7]

Y uno empieza a soñar. Que la habitación del cuadro y la de *Mujer en el baño* son una sola y misma habitación. Que la *Mujer en el baño* es Margaret van Eyck, «desnuda y vestida». Que es ella la que calza, desnuda, unas pequeñas chinelas que dejará cuidadosamente, en otro momento de su vida, junto al escaño. Que la habitación del cuadro ha sido dispuesta para su parto. Que fue en esta habitación donde trajo al mundo a un niño en junio de 1434. Que los zuecos del primer plano de *Mujer en el baño* pertenecen a Jan, su esposo. Que estos zuecos y los del hombre del cuadro son los mismos, y el hombre del cuadro no es otro que Jan—disfrazado, irreconocible, invisible para cualquiera que no sea él mismo—. Que, aunque no exista la menor prueba escrita, Jan enviudó antes de casarse con Margaret. Que su primera esposa murió durante el parto. Que se le apareció majestuosamente un día de mayo o de junio de 1434, cuando estaba a punto de ser padre. Que le hizo jurar que rezaría por la salvación de su alma. Que contó esta *escena* disimulándola en un cuadro sibilino. Que quizá incluso nombró a la muerta pintándola en 1437 con las facciones de Catalina de Alejandría en el tríptico de Dresde. Que la maliciosa sonrisa del hombre de Berlín nos habla de todo eso. Y que el enigma del cuadro se ha resuelto totalmente.

Uno empieza a soñar, pero luego despierta, y es como si recibiera «un golpe de piqueta en el estómago».* ¿Qué prueba tenemos de que la *Mujer en el baño* sea Margaret, «desnuda y ves-

* Charles Baudelaire, *El esplín de París. (Pequeños poemas en prosa)*, trad. Francisco Torres Monreal, Madrid, Alianza, 1999, p. 39.

tida»? ¿Qué prueba tenemos de que los zuecos y las chinelas sean los mismos en ambos cuadros y, suponiendo que así fuera, que pertenecen al mismo hombre y a la misma mujer? Ninguna. Lo que nos hace concebir semejantes sueños es el afán de tomar por información verídica una información inverificable, la pretensión de identificar a un hombre y a una mujer por el parecido de sus zapatos, el vano deseo de una conclusión imposible.

«*Johannes de Eyck fuit hic*». ¿Jan van Eyck estuvo *aquí*? ¿Jan van Eyck fue *éste*? Que haya estado *aquí* sin ser *éste* es posible, pero que sea *éste* sin haber estado *aquí*, no. El cuadro nos ha enseñado que cada vez que tropezábamos con un doble sentido, sus dos acepciones eran válidas. ¿Es posible aplicar la regla a esta enigmática frase? ¿Es él, Jan van Eyck, el que se presenta así, disfrazado, vestido de negro, tocado con un enorme sombrero de paja? ¿Es a él al que viene a rondar el fantasma de una primera esposa, cuando Margaret está a punto de parir? Todo indica que sí, pero no tenemos pruebas. Después de haber resuelto un buen número de pistas falsas hemos llegado a un punto en el que no nos queda más remedio que aceptar la parte de misterio que conserva el cuadro. ¡Su génesis apenas se conoce! Y la biografía de Jan está llena de lagunas. Todo lo que sabemos de él cabe en unas pocas páginas, perdidas en los folios de la Dirección General de Finanzas de Flandes: le pagaban por los decorados de las fiestas, por los cuadros, por misiones secretas. Cobraba menos de la mitad de lo que percibía anualmente el canciller Rolin, que fue durante cuarenta años el segundo personaje en importancia del ducado de Borgoña,[8] es decir que se le pagaba con largueza: cien libras al año, «moneda de Flandes, mitad en Navidad, y la otra mitad por San Juan».[9] El duque, decían, era demasiado generoso con él y la Oficina de Cuentas le pagaba a regañadientes. Entonces el duque cogía la pluma para informar a sus funcionarios de su indignación, pues «nunca encontraría a un hombre tan de su agrado, ni tan excelente en su arte y ciencia».[10] El resto no son más que rumores y cuentos.

Muy cerca de nosotros, a nuestro alcance, la última verdad del cuadro se nos escapa de las manos. ¿Es una ficción pictórica? *¿Diario de una Aparición*? ¿Encargo por intercesión de un tercero? ¿Relato autobiográfico? Por lo que a mí respecta me inclino por la última hipótesis, pero los personajes pintados por Van Eyck no nos dirán nada más.

XIV

VESTIDO DE ROJO, VESTIDO DE AZUL

En la habitación reina una gran calma. La luz es suave, el aire como aterciopelado. Ni humo negro ni llamas. La mano del hombre no presenta ninguna quemadura. Bella, palpitante de vida, la mujer le tiende la suya. Su perrito nos mira. Juegos de luces y de sombras magníficamente combinados producen, no ya la ilusión de profundidad, sino la profundidad misma: esa perspectiva atmosférica tan cara a Van Eyck y tan característica de su genio, esa inimitable fosforescencia.

Desde el umbral de la puerta que se refleja al fondo del espejo, dos personajes contemplan como nosotros la escena, uno vestido de rojo, el otro de azul. Ven lo que nosotros vemos, y simultáneamente aquello que Jan no *pudo* pintar y que nosotros no podemos ver: las verdaderas facciones del rostro del hombre, su mano ardiendo, el humo en la habitación. Su actitud parece indicar que han subido a toda prisa. ¿Ha sido el olor a quemado lo que les ha llevado a la habitación (por lo demás curiosamente desprovista de chimenea, como han observado varios críticos de arte)? ¿Una columna de humo saliendo por la ventana? ¿El grito lanzado por el hombre al aparecérsele la mujer? No tenemos más remedio que hacernos la pregunta, aunque sea trivial y tenga que quedar sin respuesta. No tenemos más remedio que recurrir a otros sentidos además de nuestra vista engañosa y engañada.

El hombre acaba de levantar su mano derecha en señal de juramento, la mujer mira esa mano levantada... y el tiempo se detiene. El reflejo del sol sobre cada una de las cerezas; la textura de la piel de las naranjas; su sombra en el reborde de la ventana y en el baúl; las cuentas traslúcidas del rosario; su sombra en la pared; el barro de los zuecos del hombre secándose; la llama inmóvil de la vela..., todo está tranquilo, como dormido de repente. Congelado desde hace casi seis siglos.

El cuadro es como un sueño. Un sueño de Van Eyck. *El sueño de una aparición*. El hombre y la mujer, desproporcionados si tenemos en cuenta las dimensiones de la habitación, el candelabro demasiado grande, el enorme espejo, la cama demasiado pequeña, así vemos las cosas en sueños. De la piel blanca que ribetea la sobreveste de la mujer, Lorne Campbell dice que es de un color más puro y de una textura más fina que cualquiera de las pieles que podían conseguirse en la época.[1] De la alfombra que hay delante de la cama, que es *infrecuente*, pues no tiene flecos; claramente oriental, aunque los motivos no puedan relacionarse con ninguna tradición; y no tiene nada en común con las otras alfombras que pintó Van Eyck, sobre todo a los pies del trono de la Virgen.[2] Así es como, en los sueños, inventamos formas verosímiles e inexistentes a la vez.

Los dos visitantes que permanecen en el umbral de la habitación, en el lugar mismo en el que estamos nosotros cuando contemplamos el cuadro, forman parte también de este sueño. Y con ellos el espectador, todos los espectadores, usted y yo, y don Diego de Guevara, Margarita de Austria—que hizo poner al cuadro «una cerradura para cerrarlo»—, María de Hungría, Felipe II—que lo colgó junto con sus cuadros preferidos en la Sala Chica* del Alcázar de Madrid—, todos los reyes de España hasta las guerras napoleónicas, Pepe Botella, el sospechoso teniente coronel Hay, todos aquellos que han admirado el

* Véase la nota de la p. 46.

cuadro en la sala 56 de la National Gallery, aquellos a los que ha obsesionado, los que han tratado de descubrir su misterio y hoy están muertos, Joseph Archer Crowe, Giovanni Battista Cavalcaselle, Louis Viardot, Léon de Laborde, el padre Carton, William Henry James Weale, Maurice Walter Brockwell, Erwin Panofsky, Elisabeth Dhanens, y todos los demás, así como los vigilantes que lo han vigilado, lo vigilan y lo vigilarán: todos representados por los dos visitantes que se encuentran en el umbral y contemplan la escena, todos soñados por Jan, todos siguiéndole en este suntuoso laberinto de reflejos y espejos que es este *gran cuadro titulado Hernoul-le-Fin*.

París, febrero de 2015

NOTAS

I. «ALS ICH CAN»

[1] Carta exhumada (como la mayoría de los documentos contables de la corte de Borgoña), por Léon de Laborde. *Les Ducs de Bourgogne. Étude sur les lettres, les arts et l'industrie pendant le* XVe *siècle. Preuves*, vol. 1, París, Plon, 1849, p. 206, n.° 699 (*Comptes de la Recette générale de Flandre du 1er janvier 1425 au 31 décembre 1426*. Archives du département du Nord, Lille).

[2] Laborde, *Les Ducs de Bourgogne. Étude sur les lettres, les arts*, *op. cit.*, p. 242, n.° 814 (*Comptes de la Recette générale des finances du 4 octobre au 31 décembre 1426*. Archives du département du Nord, Lille).

[3] Texto completo de la referencia de Fazio en: Erwin Panofsky, *Early Netherlandish Painting*, Cambridge, Massachusetts, Harvard University Press, 1953. [*Los primitivos flamencos*, trad. Carmen Martínez Gimeno, Madrid, Cátedra, 2016, p. 180].

[4] Son los siguientes: *Retrato de un hombre con turbante rojo* (1433), el *Tríptico de Dresde* (1437), la *Virgen de la fuente* (1439) y el retrato de *Margarita van Eyck* (1439).

[5] Inventario de 1516 de los cuadros de Margarita de Austria (véase más adelante el capítulo III).

[6] Sobre la historia del cuadro y sobre el teniente coronel Hay: Lorne Campbell, *National Gallery Catalogues:*

The Fifteenth Century Netherlandish Paintings, Londres, National Gallery Publications, 1998, pp. 174-177.

II. LOS ARNOLFINI (ESTADO DE LA CUESTIÓN)

1 Para más detalles sobre la familia Arnolfini, véase: Sophie Jolivet, *Pour soi vêtir honnêtement à la cour de monseigneur le duc: costume et dispositif vestimentaire à la cour de Philippe le Bon, de 1430 à 1455*, tesis doctoral, Dijon, Universidad de Borgoña, 2003.

2 Joseph Archer Crowe y Giovanni Battista Cavalcaselle, *The Early Flemish Painters*, Londres, John Murray, 1857, pp. 65-66.

3 Esta hipótesis aparece en 1861, basada en la obra de W. H. James Weale, *Notes sur Jean Van Eyck*, Londres, Barthes & Lowell, 1861, pp. 27-28. Se descartó en 1997, después de que un archivo descubierto por el historiador Jacques Paviot revelara que Giovanni di Arrigo Arnolfini se había casado en 1447, es decir, seis años después de la muerte de Van Eyck y trece después de la fecha que aparece en el cuadro. Véase: Campbell, *National Gallery Catalogues: The Fifteenth Century Netherlandish Paintings*, *op. cit.*, p. 208, n. 211; Paviot, «Le double portrait Arnolfini de Jan van Eyck», *Revue belge d'archéologie et d'histoire de l'art*, vol. LXVI, 1977.

4 Campbell, *National Gallery Catalogues*, *op. cit.*, pp. 193-195.

5 *Ibid.*, p. 194, y p. 208, n. 178. Para el texto de esta carta, véase también: Margaret L. Koster, «The Arnolfini Double Portrait: A Simple Solution», *Apollo*, vol. CLVIII, 2003, pp. 3-14, n. 28.

[6] Campbell, *National Gallery Catalogues*, *op. cit.*, p. 198.

[7] *National Gallery Catalogue*, edición de 1847, p. 76. El redactor de este catálogo era Charles Lock Eastlake. Véanse sus *Materials for a History of Oil-Painting*, Londres, Longman, Brown, Green and Longmans, 1847, vol. 1, p. 185, donde defiende también la tesis del autorretrato. Varias eminencias de la época lo siguieron, entre ellos John Ruskin, Léon de Laborde y el director del museo de Berlín, Gustav-Friedrich Waagen.

[8] Tradición difundida en origen por el pintor y poeta Lucas de Heere (1534-1584) en una *Oda a la adoración del Cordero* (1559), y posteriormente por el cronista Marcus Van Vaernewyck (1518-1569) en su *Historie van Belgis*. La tabla de *Los jueces justos* fue robada en 1934 y no se encontró nunca, por lo que hoy la sustituye una copia.

[9] Jean-Baptiste Descamps, *Voyage pittoresque de la Flandre et du Brabant*, Amberes, Grange, s. f., p. 270.

[10] A menos que se trate del *Retrato de un hombre con turbante rojo*. Hipótesis que defiende Elisabeth Dhanens, *Hubert et Jan Van Eyck*, Amberes, Fonds Mercator, 1980, pp. 188-190, y discute Till-Holger Borchert, *Van Eyck*, Londes, Taschen, 2008, p. 36.

[11] Descamps, *Voyage pittoresque de la Flandre et du Brabant*, *op. cit.*, p. 270.

[12] Borchert, *Van* Eyck, *op. cit.*, p. 10.

[13] Campbell, *National Gallery Catalogues*, *op. cit.*, p. 196.

III. MANERAS DE VER

[1] Texto original de estas descripciones en: Campbell, *National Gallery Catalogues*, *op. cit.*, pp. 174-175, y p. 204, nn. 3-8.

[2] Versos 443 y 444.

[3] Véase Campbell, *National Gallery Catalogues*, *op. cit.*, p. 204, n. 6. En 1994, el primero, el historiador del arte Fernando Checa Cremades, relacionó a Hernoul-le-Fin con el cuadro descrito por Jakob Quelviz en su *Thesoro Chorographico de las Espannas*.

[4] *Athenaeum*, 3 de julio de 1841, p. 509 (citado en: Campbell, *National Gallery Catalogues*, *op. cit.*, p. 210, n. 27).

IV. HERNOUL-LE-FIN CON SU ESPOSA

[1] Véase al respecto la documentada comunicación de Théodore Lorin, «Quelques conjectures sur le nom d'Arnolphe appliqué par dérision aux maris trompés», *Travaux de l'Académie impériale de Reims*, vol. 20, n.º 1, 1854, pp. 88-95. Véase también, en las pp. 153-154 de esta obra, la nota sobre los trabajos de Marco Paoli.

[2] Rabelais, *Œuvres*, vol. 7, París, Landois, 1836, glosario, p. 61.

[3] *Roman de la Rose*, ed. Armand Strubel, París, Librairie générale française, 1992, vv. 9133-9135.

[4] Jean de Venette (1307-1368), prior y más tarde superior de los carmelitas, autor de una *Histoire des trois Maries*, poema de treinta y cinco mil octosílabos que cuentan las vidas de la Virgen, de María Salomé y de María Jacobé. Véase: La Curne de Sainte-Palaye, «Mémoire concernant la vie de Jean de Venette avec la notice de l'Histoire en vers

des Trois Maries», en: *Mémoires de Littérature tirés des registres de l'Académie royale des inscriptions et belles-lettres*, París, Imprimerie royale, 1740, vol. 13, pp. 520-533.

5 *Farce nouvelle, très bonne et fort joyeuse du Pasté* (anónimo), en: Cohen, Gustave, *Recueil de farces inédites du XVe siècle*, Cambridge, Massachusetts, Medieval Academy Books, n.º 47, 1949. Disponible también en: https://cdn.ymaws.com/www.medievalacademy.org/resource/resmgr/maa_books_online/cohen_0047.htm.

6 James Hall, *Diccionario de temas y símbolos artísticos*, 2 vols., trad. Jesús Fernández Zulaica, Madrid, Alianza, 2003.

7 Perorata sacada del *Blasme des Fames*, obra de un juglar anónimo, en: Achille Jubenal, *Choix de saluts, épîtres, rêveries, et autres pièces légères des XIIIe et XIVe siècles*, París, Librairie grecque-latine-allemande-anglaise, 1835, p. 80.

V. UNA CERRADURA PARA OCULTARLO

1 Abate Carton, «Les trois frères Van Eyck», en: *Annales de la Société d'émulation pour l'étude de l'histoire et des antiquités de la Flandre*, Brujas, Imprimerie de Plancke Frères, 1847, t. V, 2.ª serie, p. 309.

2 Louis Viardot, *Les Musées d'Angleterre, de Belgique, de Hollande et de Russie*, París, Chez Paulin et le Chevalier, 1852, pp. 29-30.

3 Léon de Laborde, *La Renaissance des arts à la cour de France*, París, Imprimerie de J. Claye et Ce, 1855, vol. 1, pp. 601-604.

4 Weale, *Notes sur Jean Van Eyck*, *op. cit.*, pp. 27-28.

5 Erwin Panofsky, «Jan Van Eyck's Arnolfini Portrait»,

Burlington Magazine, vol. LXIV, 1934, artículo de referencia del método iconológico de Panofsky. Véase también: *Los primitivos flamencos*, *op. cit.*, pp. 179-204.

[6] Maurice W. Brockwell, *The Pseudo-Arnolfini Portrait*, Londres, Chatto & Windus, 1952.

[7] Dhanens, *Hubert et Van Eyck*, *op. cit.*, pp. 198-199.

[8] Edwin Hall, *The Arnolfini Betrothal*, Berkeley, University of California Press, 1994.

[9] Pierre-Michel Bertrand, *Le Portrait de Van Eyck*, París, Hermann, 1997 (reed. 2006).

[10] Campbell, *National Gallery Catalogues*, *op. cit.*, pp. 194, 197-198.

[11] Koster, *The Arnolfini Double Portrait: A Simple Solution*, *op. cit.*

[12] Marco Paoli, *Jan Van Eyck alla conquista della rosa. Il «Matrimonio Arnolfini» della National Gallery di Londra. Soluzione di un enigma*, Lucca, Maria Pacini Fazzi, 2010.

[13] Campbell, *National Gallery Catalogues*, *op. cit.*, p. 204, n. 3.

[14] *Ibid.*, p. 176.

[15] Leo esta información en un artículo de Tarcisio Lancioni, «Jan Van Eyck et les époux Arnolfini, ou les Aventures de la pertinence», *Actes sémiotiques*, n.º 116, 2013, pero ignoro de qué fuente ha extraído la información.

VI. TOCANDO LA MANO UNO AL OTRO

[1] Margaret D. Carroll, «In the Name of God and Profit: Jan Van Eyck's Arnolfini Portrait», *Representations*, n.º 44, 1993, pp. 100-101.

[2] Rachel Billingue y Lorne Campbell, «The Infra-Red Reflectograms of Jan van Eyck's Portrait of Giovanni (?) Arnolfini and his Wife Giovanna Cenami (?)», *National Gallery Technical Bulletin*, vol. 16, 1995, p. 47.

[3] James Hall, *Diccionario de temas y símbolos artísticos*, *op. cit.*

[4] Estos dos Blasones pueden consultarse en: M. D. M. M.***, *Blasons, Poésies anciennes des* XVe *et* XVIe *Siècles, extraites de différens auteurs imprimés et manuscrits*, París, Guillemot & Nicole, 1809.

[5] *Roman de la Rose*, ed. Strubel, *op. cit.*, vv. 1552-1555.

[6] Se ha reeditado varias veces después, por ejemplo la edición de Pierre Belfond, 1966. [Existe traducción en español: *Infernaliana: Anécdotas, novelas breves, narraciones y cuentos sobre aparecidos, espectros, demonios y vampiros*, trad. Agustín Izquierdo, Madrid, Valdemar, 1997].

[7] Philipp Melanchthon, *Théolog.*, t. 1, oper. fol. 326-327, en: Dom Augustin Calmet, *Traité sur les Apparitions des Esprits*, París, Chez Debure l'aîné, 1759, vol. 1, p. 326. [Existe traducción en español: *Tratado sobre los vampiros*, trad. Lorenzo Martín del Burgo, Madrid, Reino de Cordelia, 2009].

[8] Véase Jolivet, *Pour soi vêtir honnêtement à la cour de monseigneur le duc: costume et dispositif vestimentaire à la cour de Philippe le Bon, de 1430 à 1455*, *op. cit.*

[9] Boaistuau, *Histoires prodigieuses*, París, Annet Brière, 1560. Reedición en París, Club français du livre, 1961, p. 211.

[10] Reproducciones del cuadro y del espejo en las obras de referencia siguientes: Dhanens, *Hubert et Jan Van Eyck*,

op. cit.; Campbell, *National Gallery Catalogues*, *op. cit.*; Borchert, *Van Eyck*, *op. cit.*; Albert Chatelet y Giorgio T. Faggin, *Tout l'œuvre peint des frères Van Eyck*, París, Flammarion, 1969; Dillian Gordon, *The National Gallery, London, 100 Great Paintings*, Londres, The National Gallery, 1981; etcétera.

VII. DEL PURGATORIO Y DE LAS APARICIONES

[1] Panofsky, *Los primitivos flamencos*, *op. cit.*, p. 202.

[2] Jacques Le Goff, *La Naissance du Purgatoire*, París, Gallimard, 1981, y Jean-Claude Schmitt, *Les Revenants*, París, Gallimard, 1994, serán quienes me guíen aquí. [Del primero existe traducción en español: *El nacimiento del purgatorio*, trad. Francisco Pérez Gutièrrez, Madrid, Taurus, 1989].

[3] *Dictionnaire portatif des Conciles*, París, Savoie, 1764, pp. 722-723. [Existe traducción en español: Pons-Augustin Alletz, *Diccionario portátil de los Concilios: que contiene una suma de todos los Concilios Generales, Nacionales, Provinciales, y Particulares*, trad. Francisco Pérez Pastor, Madrid, Joachim Ibarra, 1782, pp. 420-421].

[4] Citado por Thomas Mangeart, *Traité théologique, dogmatique et historique sur le Purgatoire*, Nancy, 1739, vol. 2, p. 260.

[5] Catalina de Génova, *Traité du Purgatoire*, 1551, ed. Valeriano da Finalmaria, 1929, cap. III: «Souffrance des âmes du Purgatoire». [Existe traducción en español: http://www.gratisdate.org/archivos/pdf/13.pdf].

[6] *Ibid.*, cap. II: «Joie des âmes du Purgatoire». [*Ibid.*, «Contentas de adelantar en la purificación»].

[7] *Decamerón*, VII, 10. La miniatura puede verse en Schmitt, *Les Revenants*, *op. cit.*, il. 27.

[8] Calmet, *Traité sur les Apparitions des Esprits*, *op. cit.*, pp. 312-313.

[9] *Ibid.*, p. 317.

[10] *Ibid.*, pp. 322-323.

[11] Pierre Le Vénérable, *Le livre des Merveilles*, I, XXV, citado en: Estelle Doudet (ed.), *La Mort écrite, rites et rhétoriques du trépas au Moyen Âge*, París, Presses de l'Université Paris-Sorbonne, 2005, p. 114.

VIII. LA VELA Y LOS MEDALLONES

[1] Koster, *The Arnolfini Double Portrait: A Simple Solution*, *op. cit.*

[2] Hall, *Diccionario de temas y símbolos artísticos*, *op. cit.*

IX. EL LEÓN, EL DIABLO Y EL CEREZO

[1] Célestin Hippeau, *Le Bestiaire divin de Guillaume, clerc de Normandie, trouvère du XIIIe siècle*, Caen, Hardel, 1852, pp. 74-81.

[2] Hall, *Diccionario de temas y símbolos artísticos*, *op. cit.*

[3] Schmitt, *Les Revenants*, *op. cit.*, pp. 111, 137.

[4] Billinge y Campbell, «The Infra-Red Reflectograms of Jan van Eyck's Portrait…», *op. cit.*, p. 56. Fotografía extraída de este artículo.

[5] Véase sobre este tema: Schmitt, *Les Revenants*, *op. cit.*

[6] En lugar de la versión retocada de Nodier, me remito aquí a la más antigua de Calmet. El texto original dice así: «Entonces él le rogó que hiciera decir algunas misas

por la salvación de su alma, y la animó a darle la mano sin miedo: pero como ella se resistía, le aseguró que no sentiría ningún dolor. Entonces le dio la mano y la retiró sin sentir dolor alguno, pero tan quemada que durante toda su vida tuvo la mano negra», Calmet, *Traité sur les Apparitions des Esprits*, *op. cit.*, p. 326.

X. LOS ZUECOS

1 Adrien Harmand, *Jeanne d'Arc, son costume, son armure: essai de reconstitution*, París, Leroux, 1929.

2 Panofsky, *Los primitivos flamencos*, *op. cit.*, p. 203.

3 Detalle que estudia Campbell, *National Gallery Catalogues*, *op. cit.*, pp. 187, y p. 205, n. 62.

XI. MATERNIDAD

1 Bertrand, *Le Portrait de Van Eyck*, *op. cit.*, pp. 64-75.

2 Aliénor de Poitiers, «Les Honneurs de la Cour», en: La Curne de Sainte-Palaye, *Mémoires sur l'ancienne chevalerie*, París, Girard, 1781, vol. 2, p. 241.

3 *Ibid.*, p. 219.

4 *Ibid.*, p. 252.

5 *Ibid.*, p. 239.

6 Panofsky, *Los primitivos flamencos*, *op. cit.*, p. 202.

7 Hall, *The Arnolfini Betrothal*, *op. cit.*, p. 116.

8 Craig Harbison, *Jan Van Eyck, the Play of Realism*, 1991, citado por Hall, *The Arnolfini Betrothal*, *op. cit.*, p. 102, n. 18.

9 Koster, *The Arnolfini Double Portrait: A Simple Solution*, *op. cit.*

[10] Bertrand, *Le Portrait de Van Eyck*, *op. cit.*, p. 74.

[11] José Gauthier, *Évolution des pratiques coutumières entourant la naissance au Saguenay et dans Charlevoix (1900-1950)*, memoria presentada en la Universidad de Quebec en Chicoutimi como parte obligatoria de la maestría en estudios regionales, p. 100.

[12] Véase el capítulo IV. Véase también Rutebeuf: «*Mais li boschez que je vous Nome | Etoit à ce Vaillant preudhome | Qui Sainct Hernoul doict la chandoile*», *De la Dame qui fit trois tours entour le moustier*, vv. 45-47.

[13] Panofsky, *Los primitivos flamencos*, *op. cit.*, p. 181.

[14] Campbell, *National Gallery Catalogues*, *op. cit.*, p. 187.

XIII. «JOHANNES DE EYCK FUIT HIC»

[1] Dhanens, *Hubert et Jan Van Eyck*, *op. cit.*, p. 336.

[2] Campbell, *National Gallery Catalogues*, *op. cit.*, p. 192.

[3] Panofsky, *Los primitivos flamencos*, *op. cit.*, p. 201.

[4] Dhanens, *Hubert et Jan Van Eyck*, *op. cit.*, p. 206.

[5] *Id.*

[6] Dhanens, *Hubert et Jan Van Eyck*, *op. cit.*, p. 237; Bertrand, *Le Portrait de Van Eyck*, *op. cit.*, p. 92.

[7] Laborde, *Les Ducs de Bourgogne…*, *Preuves*, vol. 1, *op. cit.*, p. 341, n.° 1149 (*Comptes de la Recette générale des finances du 1er janvier 1434 a 31 décembre suivant*. Archives du département du Nord, Lille).

[8] Alfred Michiels, *Histoire de la peinture flamande depuis ses débuts jusqu'en 1864*, París, A. Lacroix et cie, 1866, vol. 2, p. 153.

[9] Laborde, *Les Ducs de Bourgogne…*, *Preuves*, vol. I, *op. cit.*, p. 206, n.º 699 (*Comptes de la Recette générale de Flandre du 1er janvier 1425 au 31 décembre 1426*. Archives du département du Nord, Lille).

[10] *Ibid.*, p. LIII, n. (*Registre aux chartes de 1433 à 1440*. Archives du département du Nord, Lille).

XIV. VESTIDO DE ROJO, VESTIDO DE AZUL

[1] Campbell, *National Gallery Catalogues*, *op. cit.*, p. 191.

[2] *Ibid.*, p. 187. Véase también, en las pp. 153-154 de la presente obra, la nota sobre los trabajos de Marco Paoli.

LIBROS Y ARTÍCULOS CONSULTADOS

SOBRE JAN VAN EYCK Y EL CUADRO

BERTRAND, Pierre-Michel, *Le Portrait de Van Eyck*, París, Hermann, 1997; reed. 2006, ed. utilizada en este estudio. Preciosa mina de información, abundantemente citado en el capítulo «Maternidad».

BILLINGE, Rachel y Lorne Campbell, «The Infra-Red Reflectograms of Jan Van Eyck's Portrait of Giovanni (?) Arnolfini and his Wife Giovanna Cenami (?)», *National Gallery Technical Bulletin*, vol. 16, 1995.

BORCHERT, Till-Holger, *Van Eyck*, Londres, Taschen, 2008.

BROCKWELL, Maurice W., *The Pseudo-Arnolfini Portrait*, Londres, Chatto & Windus, 1952.

CAMPBELL, Lorne, *The Fifteenth Century Netherlandish Paintings*, Londres, National Gallery Catalogues, 1998. Esta obra dedica al cuadro un estudio de treinta y ocho páginas y trescientas doce notas, auténtica mina de información de donde he obtenido prácticamente la totalidad de la documentación.

CARTON, abad, «Les trois frères Van Eyck», en: *Annales de la Société d'émulation pour l'étude de l'histoire et des antiquités de la Flandre*, Brujas, Imprimerie de Plancke Frères, 1847, t. 5, 2.ª serie.

CHATELET, Albert y Giorgio T. Faggin, *Tout l'œuvre peint des frères Van Eyck*, Milán, Rizzoli, 1968; trad. francesa Simone Darses, París, Flammarion, 1969.

CROWE, Joseph Archer Crowe y Giovanni Battista Cavalcaselle, *The Early Flemish Painters*, Londres, John Murray, 1857; trad. francesa: *Les Anciens Peintres Flamands*, París, Jules Renouard, 1862.

DESCAMPS, Jean-Baptiste, *Voyage pittoresque de la Flandre et du Brabant*, Amberes, Grange, s. f.

DHANENS, Elisabeth, *Hubert et Jan Van Eyck*, Amberes, Fonds Mercator, 1980. Rica iconografía y preciosas informaciones sobre *Mujer en el baño*.

DILLIAN, Gordon, *The National Gallery, London, 100 Great Paintings*, Londres, The Trustees of the National Gallery, 1981. Magnífica ampliación del espejo en la cuarta página.

EASTLAKE, Charles Lock, *Materials for a History History of Oil-Painting*, Londres, Longman, Brown, Green and Longmans, 1847, vol. 1.

HALL, Edwin, *The Arnolfini Betrothal*, Berkeley, University of California Press, 1994.

KOSTER, Margaret L., *The Arnolfini Double Por-*

trait: A Simple Solution, en: *Apollo*, vol. CLVIII, 2003. La primera en tener la intuición de que el cuadro hablaba de la muerte.

LABORDE, Léon de, *La Renaissance des arts à la cour de France*, París, Potier, 1855, vol. 1.

LANCIONI, Tarcisio, «Jan Van Eyck et les époux Arnolfini, ou les Aventures de la pertinente», *Actes sémiotiques*, n.º 116, 2013.

MICHIELS, Alfred, *Histoire de la peinture flamande depuis ses débuts jusqu'en 1864*, París, Bruselas, A. Lacroix, Verbœckhoven et Cie., 1866, vol. 2.

PANOFSKY, Erwin, *Early Netherlandish Painting*, Cambridge, Massachusetts, Harvard University Press, 1953. [Existe traducción en español: *Los primitivos flamencos*, trad. Carmen Martínez Gimeno, Madrid, Cátedra, 2017]. Magnífica obra de referencia, incluso si la documentación (en concreto sobre el cuadro) ha evolucionado considerablemente desde 1953. Todas las citas de Panofsky provienen de esta edición.

PAOLI, Marco de, *Jan Van Eyck alla conquista della rosa. Il "Matrimonio Arnolfini" della National Gallery di Londra. Soluzione di un enigma*, Lucca, Maria Pacini Fazzi, 2010. De esta obra no traducida al francés sólo he tenido acceso a través de un breve resumen. *Nota de octubre de 2016:* No obstante, debo hacer justicia y dar al César lo que es del César: cuando buscaba un título para las páginas precedentes, *El affaire Arnolfini* se impuso de forma natural, pero yo ignoraba entonces que un capítulo del libro de Paoli se titulaba así, e incluso que Paoli había explorado ya algunos de los caminos recorridos aquí, especialmente el sentido olvidado del nombre Hernoul y la impresión de sueño que emana del cuadro. Le hago justicia y no puedo más que aconsejar al lector deseoso de saber más los capítulos 2 («Hernoul, il marito tradito») y 10 («I fondamenti onirici del dipinto») de su monografía.

VIARDOT, Louis, *Les Musées d'Angleterre, de Belgique, de Hollande et de Russie*, París, Paulin & Le Chevalier, 1852.

WEALE, W. H. James, *Notes sur Jean Van Eyck*, Londres, Barthes & Lowell, 1861.

Respecto a los documentos contables que examinó en el siglo XIX Léon de Laborde (*Les Ducs de Bourgogne. Étude sur les lettres les arts et l'industrie pendant le* XV *siècle. Preuves*, vol. 1, París, Plon, 1849), podrán consultarse con más facilidad aquellos que conciernen exclusivamente a Jan van Eyck en las obras que le han sido consagradas, por ejemplo en los anexos de la *Inauguración del monumento de Jean y Hubert Van Eyck, en Maeseyck, por su Majestad Leopoldo I, rey de los belgas. Discurso pronunciado por M. Schoolmeesters, burgomaestre, el 5 de septiembre de* 1864 (Bruselas, 1864).

OTROS TEXTOS

CALMET, Dom Augustin, *Traité sur les Apparitions des Esprits et sur les Vampires ou les Revenans de Hongrie, de Moravie, etc.*, París, Chez Debure l'aîné, 1759, vol. 1. [Existe traducción en español: *Tratado sobre los vampiros*, trad. Lorenzo Martín del Burgo, Madrid, Reino de Cordelia, 2009].

CARROLL, Margaret D., «In the Name of God and Profit: Jan Van Eyck's Arnolfini Portrait», *Representations*, n.º 44, 1993.

CATALINA DE GÉNOVA, *Traité du Purgatoire*, 1551; ed. Valeriano da Finalmaria, 1929. [Existe traducción en español: *Tratado del purgatorio*, Pamplona, Fundación Gratis Date, 1994].

COHEN, Gustave, *Recueil de farces inédites du* XVe *siecle*, Cambridge (Mass.), Medieval Academy Books, n. º 47, 1949.

Dictionnaire portatif des Conciles, París, Nyon, 1764. [Existe traducción en español: Pons-Augustin Alletz, *Diccionario portátil de los Concilios*, Madrid, Imprenta de Antonio Perez de Soto, 1772].

DOUDET, Estelle (ed.), *La mort écrite, rites et rhétoriques du trépas au Moyen Âge*, París, Presses de l'Université Paris-Sorbonne, 2005.

GAUTHIER, Josée, *Evolution des pratiques coutumières entourant la naissance au Saguenay et dans Charlevoix (1900-1950)*, memoria presentada en la

Universidad de Quebec, en Chicoutimi, como requisito parcial del máster en estudios regionales, 1991.

HALL, James, *Dictionary of Subjects and Symbols in Art*, Londres, Routledge, 2014. [Existe traducción en español: Hall, James, *Diccionario de temas y símbolos artísticos*, 2 vols., trad. Jesús Fernández Zulaica, Madrid, Alianza, 2003].

HARMAND, Adrien, *Jeanne d'Arc, ses costumes, son armure: essai de reconstitution*, París, Leroux, 1929.

HIPPEAU, Célestin, *Le Bestiaire divin de Guillaume, clerc de Normandie, trouvère du XIIIe siècle*, Caen, Hardel, 1852.

HUIZINGA, Johan, *Herfsttij der Middeleeuwen*, Leida, Leiden University Press, 2018. [Existe traducción en español: *El otoño de la Edad Media*, trad. Alejandro Rodríguez de la Peña, Madrid, Alianza, 2012].

JOLIVET, Sophie, *Pour soi vêtir honnêtement à la cour de monseigneur le duc: costume et dispositif vestimentaire à la cour de Philippe le Bon, de 1430 à 1455*, tesis doctoral, Dijon, Universidad de Borgoña, 2003.

JUBINAL, Achille, *Choix de saluts, épîtres, rêveries, et autres pièces légères des XIIIe y XIVe siècles*, París, Imprimerie de Crapelet, 1835.

LE GOFF, Jacques, *La Naissance du Purgatoire*, París, Gallimard, 1981. [Existe traducción en español: *El nacimiento del purgatorio*, trad. Francisco Pérez Gutiérrez, Madrid, Taurus, 1989].

LORIN, Théodore, *Quelques conjectures sur le nom d'Arnolphe appliqué par dérision aux maris trompés*, en: *Travaux de l'Académie impériale de Reims*, vol. 20, n.º 1, 1854. La mayor parte de las observaciones y referencias que contiene el capítulo IV, «Hernoul-le-Fin avec sa femme», se las debo a la generosa pluma de este erudito, anticuario y poeta.

LORRIS, Guillaume de y Jean de Meun, *Le Roman de la Rose*, ed. Armand Strubel, París, Livre de poche, 1992.

MANGEART, Thomas, *Traité théologique, dogmatique et historique sur le Purgatoire*, Nancy, Leseure, 1739, vol. 2.

M. D. M. M***, *Blasons, Poésies anciennes des XVe et XVIe Siècles, extraites de différens auteurs imprimés et manuscrits, nouvelle édition, augmentée d'un glossaire des mots hors d'usage*, París, Guillemot & Nicole, 1809.

NODIER, Charles, *Infernaliana*, París, Sanson & Nadau, 1822, reed. París, Pierre Belfond, 1966. [Existe traducción en español: *Infernaliana*, trad. Agustín Izquierdo Sánchez, Valdemoro, Valdemar, 1997].

P**** (PABAN), Gabrielle de, *Histoire des fantômes et des démons qui se sont montrés parmi les hommes, ou Choix d'anecdotes et de contes, de faits*

merveilleux, de traits bizarres, d'aventures extraordinaires sur les Revenans, les Fantômes, les Lutins, les Démons, les Spectres, les Vampires, et les apparitions diverses, etc., París, Imprimerie de Denugon, 1819.
POITIERS, Aliénor de, *Les Honneurs de la Cour*, en: Lacurne de Sainte-Palaye, *Mémoires sur l'ancienne chevalerie*, París, Vve Duchesne, 1781, vol. 2.
SCHMITT, Jean-Claude, *Les Revenants*, París, Gallimard, 1994.
VORÁGINE, Santiago de la, *La leyenda dorada*, 2 vols., trad. del latín Fray José Manuel Macías, Madrid, Alianza, 2011.

FUENTES DE LAS ILUSTRACIONES

El matrimonio Arnolfini, reproducción y detalles, figuras 1, 2 (arriba, a la izquierda), 4, 6, 7, 8, 9, 10, 11, 12, 14, 15, 16, 17, 18: © Album / The National Gallery, London / akg.

El matrimonio Arnolfini, reflectograma, detalle, figura 13: © National Gallery, Londres.

Adoración del Cordero Místico, detalle, figura 2 (arriba, a la derecha): Catedral de san Bavón, Gante © www.artinflanders.be, foto: Dominique Provost

Mujer en el baño, figura 21: Harvard Art Museums/ Fogg Museum, Francis H. Burr, Louise Haskell Daly, Alpheus Hyatt Purchasing and William M. Prichard Funds, foto: ©President and Fellows of Harvard College, 1969.83.

Tríptico portátil de Dresde, reproducción y detalles, figuras 5, 20: Wikimedia Commons, Google Art Project, OwH_gDWKBBb_Rg en Google Cultural Institute.

Retrato de un hombre con turbante rojo, figura 2 (abajo, a la izquierda), grabado de Dominicus Lampsonius, figura 2 (abajo, a la derecha), *Retrato de Margaret van Eyck*, figura 3, *Retrato de Giovanni*

Arnolfini, figura 19, *La Virgen de Lucca*, figura 23: Wikimedia Commons, The Yorck Project: 10.000 *Meisterwerke der Malerei*. DVD-ROM, 2002. ISBN 3936122202. Distribuido por DIRECTMEDIA Publishing GMBH.

El gabinete de Cornelis Van der Geest durante la visita de los archiduques Alberto e Isabel acompañados por Rubens, figura 22: Wikimedia Commons, www.rubenshuis.be.

AGRADECIMIENTOS

Me aportaron una valiosa ayuda con su lectura, sus comentarios y sus sugerencias: Géraldine, Alexandre, Juliette Azoulai, Anne-Marie Dion-Lercher, Évelyne Gauthier, Daniel Pennac. Gracias a todos ellos.

ESTA REIMPRESIÓN, CUARTA,
DE «EL AFFAIRE ARNOLFINI», DE
JEAN-PHILIPPE POSTEL, SE
TERMINÓ DE IMPRIMIR
EN CAPELLADES EN
EL MES DE ABRIL
DEL AÑO
2024

Colección Cuadernos del Acantilado
Últimos títulos

59. DOLORES PAYÁS *Drink Time! (En compañía de Patrick Leigh Fermor)*
60. JOSEPH ROTH *El Leviatán* (3 ediciones)
61. ALFRED BRENDEL *De la A a la Z de un pianista. Un libro para amantes del piano* (5 ediciones)
62. ALEXANDR PUSHKIN *El prisionero del Cáucaso*
63. LONGINO *De lo sublime* (2 ediciones)
64. BÉLA HAMVAS *La filosofía del vino* (6 ediciones)
65. OSCAR WILDE *La decadencia de la mentira. Un comentario* (3 ediciones)
66. OSCAR WILDE *El crimen de Lord Arthur Savile. Una reflexión sobre el deber*
67. JOSEPH ROTH *Abril. Historia de un amor* (3 ediciones)
68. SANTA PERPETUA *Pasión de las santas Perpetua y Felicidad*
69. STEFAN ZWEIG *Una historia crepuscular* (3 ediciones)
70. FRANCK MAUBERT *La última modelo*
71. PLUTARCO *Vidas de Alejandro y César*
72. PASCAL BRUCKNER *El vértigo de Babel. Cosmopolitismo o globalización*
73. JUAN ANTONIO MASOLIVER RÓDENAS *La inocencia lesionada*
74. LEV TOLSTÓI *Después del baile*
75. RAFAEL ARGULLOL *Tratado erótico-teológico. Un relato*
76. *Así era Lev Tolstói (I)*

77. ADAM ZAGAJEWSKI *Releer a Rilke* (2 ediciones)
78. EUGENIO TRÍAS *Thomas Mann*
79. RAMÓN ANDRÉS *Claudio Monteverdi. «Lamento della Ninfa»*
80. SHAFTESBURY *Carta sobre el entusiasmo & «Sensus communis». Ensayo sobre la libertad de ingenio y el humor*
81. MARIO SATZ *Pequeños paraísos. El espíritu de los jardines* (5 ediciones)
82. JOSEPH ROTH *Fresas*
83. *Así era Lev Tolstói (II)*
84. GIACOMO LEOPARDI *Recuerdos del primer amor*
85. STEFAN ZWEIG *Miedo* (10 ediciones)
86. NATALIA GINZBURG *Me casé por alegría* (2 ediciones)
87. ÉTIENNE BARILIER *El vértigo de la fuerza*
88. SIMON LEYS *La muerte de Napoleón*
89. GUIDO CERONETTI *Los pensamientos del té*
90. LEV TOLSTÓI *La historia de un caballo* (2 ediciones)
91. FRANZ KAFKA *«La condena» y «El fogonero»*
92. FRANCK MAUBERT *El hombre que camina* (2 ediciones)
93. RAFAEL ARGULLOL *El enigma de Lea. Cuento mítico para una ópera*
94. STEFAN ZWEIG *Américo Vespucio. Relato de un error histórico* (5 ediciones)
95. MARIO SATZ *El alfabeto alado*
96. FRANZ KAFKA *En la colonia penitenciaria*
97. NATHALIE LÉGER *La exposición*
98. MAX BEERBOHM *Enoch Soames*
99. A. G. PORTA *Me llamo Vila-Matas, como todo el mundo*

100. BOECIO *Consuelo de la filosofía* (4 ediciones)
101. STEFAN ZWEIG *Una boda en Lyon. Y otros relatos* (2 ediciones)
102. ERASMO DE RÓTERDAM *Lamento de la paz*
103. PETER STAMM *Marcia de Vermont. Cuento de invierno*
104. W. H. AUDEN *Elogio de la piedra caliza*
105. MARINA TSVIETÁIEVA *Mi padre y su museo*
106. LEV TOLSTÓI *La mañana de un terrateniente*
107. MARIO SATZ *Bibliotecas imaginarias* (2 ediciones)
108. TAMARA DJERMANOVIC *El universo de Dostoievski* (2 ediciones)
109. *Así era Lev Tolstói (III). Tolstói y la música*
110. RAFAEL MONEO *Sobre Ronchamp*
111. A. G. PORTA *Persecución y asesinato del rey de los ratones representada por el coro de las cloacas bajo la dirección de un escritor fracasado*
112. FRANCESCO PETRARCA *Remedios para la vida* (2 ediciones)
113. ARTHUR SCHOPENHAUER *El arte de tener razón. Expuesto en 38 estratagemas* (3 ediciones)
114. JEAN-PHILIPPE POSTEL *El affaire Arnolfini. Investigación sobre un cuadro de Van Eyck* (5 ediciones)
115. NUCCIO ORDINE *George Steiner, el huésped incómodo. Entrevista póstuma y otras conversaciones*
116. YANNIS RITSOS *Sueño de un mediodía de verano*
117. STEFAN ZWEIG *Verlaine*
118. NATALIA GINZBURG *Valentino* (2 ediciones)
119. LEV TOLSTÓI *«Lucerna» y «Albert»*
120. MARÍA NEGRONI *La idea natural*
121. STEFAN ZWEIG *«Obligación impuesta» y «Wondrak»*